Ulrich Schaal

Gottfried

Ulrich Schaal

GOTTFRIED

Roman

Argon

Satz: LVD GmbH, Berlin
Druck und Einband: Clausen & Bosse, Leck
Printed in Germany 1998
ISBN 3-87024-487-9

Für Susan

Im Leben sind im Grunde genommen
nur zwei Dinge wirklich von Interesse:
die Liebe und der Tod.

U. S.

Blumen im Bauch

1 Das erste, was er wahrnahm, war der Gestank. Damals konnte er natürlich noch nicht bewußt denken. Er konnte keine Worte finden für die Wellen von Signalen, die an seine eben erst entblätterten Rezeptoren fluteten und dort das Sperrfeuer von ersten Nervenimpulsen auslösten: geballt die gesammelte Gewalt ländlicher Eindrücke, sein ganz persönliches »Willkommen auf der Welt!«.

»Wer kann das schon, denken, frisch geboren?« sagte später seine Großmutter zu ihm, als er als Zehnjähriger auf ihrem Schoß saß, ihr vom Gestank der ersten Stunde erzählte und sie dazu seinen Nacken kraulte: Die Haare stellten sich ihm auf wie Mikadostangen, ein Wald spitzer stacheliger Gedanken, wohliges, sanftes Frieren im Auf und Ab der knochig-warmen Hand. »Wer kann sich überhaupt vorstellen, wie es gewesen war?« fragte die Großmutter. »Ich kann mich noch nicht einmal erinnern an gestern.« Dazu blickte sie mit trüben Augen durch das Grau der Stubenfenster. »Das bildest du dir ein. Außerdem stinkt es hier gar nicht so sehr, nie eigentlich. Und wenn es stinkt, dann merke dir: So riecht das Leben!«

Gottfried schüttelte den Kopf. *Sie* täuschte sich.

Es war Herbst gewesen, die in der Melodie des Lebens dem Entstehen entgegengesetzte Jahreszeit, mit ihrem Duft von Verwesung und Heimtücke. Dieser Gestank, seine erste Empfindung, die erste zitternde Berührung der Sinne mit der

Wirklichkeit, stand phallisch im Mobiliar seiner Erinnerungen, später, als er zu denken gelernt hatte.

So war es gewesen: Er roch, er schnüffelte. Und es stank. Es stank nach Kuhdung, nach den verschwitzten Socken des Müllers, nach dem Wundpuder seiner Frau, den zu lange nicht gewaschenen Kleidern der gebrechlichen Großmutter und nach frischgesottenen Würsten, die dick und fett, wie unschlüssige, halb erigierte Penisse über den Rand eines Topfes lugten, dessen Sud auf dem Eisenherd brodelte, direkt neben jenen Töpfen, in denen das vom Arzt bestellte Wasser kochte. Und durch das Fenster drang machtvoll herein der Gestank von frisch ausgebrachter Gülle. Ein Duft so feucht und warm wie ein vollgepißter Tropenwald, frühlingslau im Oktober, so herbstübervoll, so triebgeladen, ein Schmatzen und Lippenschlecken der Natur. Wahrnehmen konnte er das damals nur instinktiv, nur ahnen. Aber es gelang, dieses dämmernde Etwas aufzunehmen durch ein weit gespreiztes Unterbewußtsein, durch noch namenlose Sinne. Sie waren schreckvoll aufgerissen wie die Pupillen eines Kükens oder wie die Lamellenblende eines Photoapparates, der bereits rhythmisch zu klicken begonnen hatte und ihn anlegte: den Photokatalog des Lebens, kaum daß er den schwitzenden Mutterleib, plitschplatsch, verlassen hatte. Das waren seine ersten Momente auf dieser Welt. So jedenfalls stellte er sie sich später vor, und er glaubte an diese, seine erste Wahrheit und ließ sich nicht beirren durch die Worte der anderen.

Stinken sollte es noch oft in seinem Leben. Das gehörte hier einfach dazu, zum Leben auf dem Land. Dies war eine Welt der Landwirtschaft, der kleinen Dörfer, der einsamen Höfe, der matschigen Wege und schmutzverschmierten Straßen in jenem abgelegenen Teil des Hunsrücks. Und ihrer Menschen. Feuchtigkeit, Dunst und Gestank, seine ersten Erfahrungen auf der Erde. Sie gruben sich sofort und endgültig ein in den knetbaren Teig seines noch nicht durchgefalteten Großhirns, so wie die rostige Harke des Großvaters sich früher eingegraben haben mußte, in den Garten vor und hinter dem Haus, den wenigen ihm gebliebenen Metern zähen, lehmigen, steinübersäten, launischen, unberechenbaren, schweiß- und blutgetränkten Bodens dieser kargen Landschaft; oder wie zwei- oder dreimal im Jahr der Mörserstößel der Großmutter in den Brätbrei, nach den wenigen Schlachtungen, die sie noch selbst machten, wenn sie aus Blut, zermahlenem Fleisch, altbackenen Brötchen und Gewürzen die Füllung für Würste knetete und sie schließlich in die klebrigen grauen Darmschläuche zwängte, die sich dann über den ganzen Holztisch in der Mitte der Küche ringelten.

»Man wird geboren, um zu sterben«, sagte der dicke Mann kategorisch, als er die Tür zur Wohnküche mit einem Tritt seiner zwiegenähten, mit Nägeln beschlagenen Stiefel aufstieß. Es war eine Lieblingsformulierung des Dorfarztes.

»Der Herr gibt, der Herr nimmt«, echote die Großmutter; sie war dem Arzt durch die Tür gefolgt und blickte nun streng auf den Müller, der am Tisch vor einem Krug Bier saß und schwieg. Der Arzt, ein Lüstling, dem offenkundig eine ungenannte quälende Leidenschaft die Gesichtszüge schwellte, die versöhnlichen und zugleich gierigen Schweiß ausdünstenden Rundungen seines Körpers gespannt von Muskelbündeln, war natürlich zu spät gekommen. So war das auf dem Land.

»Ich komme doch nicht schon wieder zu spät?« fragte der Arzt.

Der Müller am Tisch reagierte nicht.

»Ich komme immer zu spät«, sagte der dicke Mann, die Stimmlage grundiert von einem trüben, resignierenden Akkord in Moll. »Gestern der alte Hennes, ich konnte ihm nur noch die Lider zudrücken. Und davor die Käthe. Sie stank schon, als sie mich riefen.«

Der Arzt schüttelte sich. Einen Moment hielt er inne, ganz in Gedanken. Dann wurde er laut und belehrend.

»Ich dachte, wenigstens der *Miller* hat ein bißchen Grips im Kopf, der Mann ist *einen* Schritt weiter als die anderen, weg von der Scholle, weg vom ewigen Schicksal und dem Wetterzauber, aber nein. Auch er … genau wie die anderen. Die Leute rufen einen erst, wenn es schon zu spät ist«, deklamierte er. »Sie glauben bis zuletzt, sie könnten weitermachen wie immer, wenn alles nur vorbei ist: das Fieber, der Schmerz, das Herzstechen, wenn sie endlich verschwinden, die Schweißausbrüche, die Beklemmungsgefühle, ihre geplatzten Äderchen auf Nase und Stirn. Aber nichts verschwindet. Hier verschwindet gar nichts von alleine. Wann werden sie endlich begreifen?«

Mit Erbitterung schlug er seine Stiefel noch einmal gegen den Türstock, damit die Dreckbrocken abfielen. »Du hast hier keine Chance. Das ist typisch. Wenn sie dich holen, dann ist alles gelaufen, alles vorbei. Alles, was du tust, ist ein Gewitterguß auf ausgetrocknete Felder, zwei Stunden später sieht alles so aus, als wäre nichts geschehen.«

Der Müller Johannes Miller 077blickte jetzt immerhin auf, vermutlich war es die Erwähnung landwirtschaftlicher Einzelheiten, die ihn wachrüttelte: *Das* interessierte hier jedermann und jede Frau. Mit einer müden Kopfbewegung warf er einen seiner seltenen Sätze Richtung Arzt. »Sie kommen zu spät, Doktor«, sagte er fast tonlos, »der Balg ist schon da.«

Schwer schnaufend ließ sich die Großmutter auf einem Stuhl nieder. Hinter ihren Augen schien ein sich wiederholender Film zu flimmern, auf einer milchig-weißen Leinwand, deren wässrige Bewegung von drohender Altersblindheit kündete. Ein Seufzer knitterte ihre Gesichtsfalten wie Silberpapier, aus denen emsige Finger der Kirchengemeinde bald – im November – Weihnachtssterne formen würden.

»Ach, du liebe Zeit«, sagte sie, und danach lange nichts mehr. Atmete nur noch tief, an jedem Luftzug klebte die Wahrheit ihrer verrinnenden Zeit: dem Tod so nah wie der Gegenwart des gerade geborenen Lebens. Sie kannte die Szene. Das Original – flüchtig wie Morgennebel – erschien ihrem Bewußtsein, gefaßt in einen schwarzen Rand.

»Es ist wieder ein Mädchen, nicht wahr?« fragte sie mit leiser Stimme. »Geht es ihr gut?«

Unwirsch brummte Miller zurück, ebenfalls leise, so leise, daß der Arzt näher kam, um zu hören. »Es ist kein Mädchen, sondern ein Junge. Ihm geht es gut. Grete anscheinend auch. Sie hat das Kind selbst geholt. Ich bin nur danebengestanden und habe ihr die Stirn gewischt.«

Er schwieg wieder und wischte sich jetzt selbst die Stirn. Er war ein Mann von stumpfem Gemüt, es dauerte lange, bis er Gefühle spürte, und noch länger, bis er sie zeigen konnte, aber die letzte Stunde war selbst für ihn hart gewesen.

Grete hatte gebrüllt in ihren Wehen, er selbst war untätig wartend über den Bretterboden gestapft und hatte mit einer Art Buntspecht-Nicken einen Schnaps nach dem anderen hinuntergeschüttet. Die Großmutter hatte sich zuvor bei den immer deutlicher werdenden Zeichen ihren Schal um den dürren Hals geschlungen und war losgeschlurft, den Doktor zu holen. Kaum war sie weg, da glitten die Wehen von Krämpfen über in hektisches Fluten, und mit der Wehrlosigkeit und Verlassenheit einer desillusionierten Elternschaft hatten die beiden Millers den Jungen zur Welt gebracht. Als die Großmutter schließlich mit dem Arzt zurückkam und jener mit seinen Schuhen die Küche, die Wohnstube und später auch das Schlafzimmer verschlammte, als ginge es um die Aussaat von Brunnenkresse, da gellten die Schreie des Kleinen schon durchs Haus.

Dieses Haus duckte sich grau und windschief und schwächlich an einen Hang, so als hätten spielende Riesenkinder beim Karten-Turmbau-zu-Babel aufzuräumen vergessen. Wie ein Lappen verknitterter Wäsche wellte sich davor und dahinter ein Stückchen Garten, abgeteilt von bedenklich dreinblickenden Nachbarn, mit strengen Zäunen begrenzt, mürrisch herausgeschnitten aus einem weiten Land, wie ein Stück Kuchen, aus einer Torte, die jeder haben und keiner essen will. Die nicht mehr ganz junge Mutter Grete Miller lag nach der Geburt im Bett, wie in schlimmem Delirium auf Erlösung sinnend. Eine nicht nur körperliche Erschöpfung hatte sich in ihr Gesicht gegraben. Die Haare bemusterten früh ergraut das Kopfkissen mit einem wirren Netz, bleich ihr Gesicht, eine Ahnung vom Tod. Über sie beugte sich der Landarzt.

»Es wäre das Beste für mich, wenn ich diese Gegend verlassen würde«, brummelte er, »ich werde alt und älter, und ich werde müde und müder, und ich trinke zuviel und schlafe zuwenig. Und eure Gesichter …«, er wandte sich ab und murmelte unhörbar für die Mutter weiter, »… und eure Gesichter machen mich krank.« Er hatte zweifellos getrunken, seine Alkoholfahne, das dampfende Seifenwasser und ein stechender Uringeruch verbreiteten Krankenhausatmosphäre. Der Arzt wandte sich wieder um und tätschelte die Wange der Wöchnerin. »Es ist alles in Ordnung, mit Ihnen und mit dem Jungen«, sagte er, »schlafen Sie jetzt. Ich schaue nächste Woche wieder vorbei. Machen Sie sich keine Sorgen. Und …«, der schwer atmende Mann zögerte, sagte es dann aber doch: »… und denken sie nicht an Sarah. Die Zeit wird helfen, die Zeit wird heilen.«

In der Küche kläffte der Hund. Die Großmutter war auf

der Ofenbank niedergesunken. Ihr Kinn vibrierte in scheinbar endlosem Gemurmel. Dicht neben ihrem Ohr dröhnte aus einem kleinen Radio eine Kurzwellenfrequenz, von Pfeifen und Jaulen verzerrt der Kirchensender aus Monte Carlo. Der Müller saß, den kräftigen Bauch plattgedrückt, am Tisch. Draußen blies ein bitterer Wind über die Wiesen und wenigen Hügel. Es war Abend und kalt geworden, und der Winter würde bald kommen. Die Bäume hatten ihre Blätter abgeworfen, die Äcker waren gefurcht, lagen da wie in stiller Erwartung einer Empfängnis, die nie kommen sollte. So kam Gottfried auf die Welt.

2

Bei ihm – so hieß es später – konnte man die ersten Zeichen bereits in der Stunde seiner Geburt erkennen, den Ärger riechen und – hören. Wütend, schmetternd und vor allem suchend hätten seine Schreie geklungen, erzählten sich die Alten später, ein Kind, das sich auflehnte gegen das ganze erste Angebot des Lebens, dessen erstes Angebot abzulehnen er keine Chance mehr hatte.

»Das Kind lacht nicht«, sagte die Großmutter schon eine Woche nach der Geburt, »es schreit nur und fordert damit Gott und die Welt heraus.«

Die Eltern schwiegen zu diesen Worten. Sie wollten nichts davon hören, vielleicht auch deshalb, weil die Großmutter ihren Verdacht belegen konnte. Denn Gottfried hatte in seiner Geburtsminute nicht den üblichen Schlag auf den feuchten Hintern bekommen, er brüllte vielmehr von alleine los, und wenn in seinem Darm bereits etwas gewesen wäre, er hätte vermutlich losgeschissen, auf die Hände des Arztes, die Laken des Mutterbetts, den Dunst im Raum, die Landschaft und ihre Menschen, auf die Kälte der Welt, die er spürte, auf das strahlende Weiß des allgegenwärtigen Mehls. So hieß es später.

»Ich habe es gewußt, das Kind spürt es.« Grete Miller stöhnte.

»Du kannst es nicht ändern, so ist das Leben«, antwortete ihr Mann. »Wir haben uns alle Mühe gegeben. Mehr konnten wir nicht tun. Du kannst nichts machen. Was geschehen ist, ist geschehen. Du kannst trauern, und du kannst dich erinnern, aber du kannst nichts mehr ändern. Es ist geschehen. Wir leben damit. Auch der Junge muß damit leben. Er wird es irgendwann erfahren und vielleicht verstehen. Ich kann daran nichts ändern, und du auch nicht, Grete.«

Grete schwieg. Was sollte sie sagen? Dann räusperte sie sich doch. »Wir hätten nicht noch ein Kind bekommen dürfen, das weißt du ganz genau. Nach Sarah. Es war ein Fehler. Wir können nicht mehr. Wir sind ausgebrannt. Und der Kleine spürt das.«

Johann Miller wandte sich ab. Tief hatten sich Falten in sein Gesicht gekerbt.

Allen war es unheimlich. Die ganze erste Nacht und viele der folgenden Nächte hatte der Kleine durchgebrüllt, wie einer, der sich zurückschreien will in den Mutterschoß, in die Urliebe, zurück in einen Zustand, der besser, wärmer, weicher, schöner, todesähnlicher als alles andere war und sein würde. Gottfried hatte gebrüllt, daß die Teller an der holzvertäfelten Wand wackelten, daß sich Hund Boris mit Augen, in denen eine Klage über die ganze Welt stand, unter den Treppenabsatz trollte. Gottfried hatte so gebrüllt, daß der Müller das Kindsbett mitten in der Nacht gepackt und aus dem Schlafzimmer in die Küche hinuntergetragen hatte. In der Küche war es noch warm und dunstig. Fettgeladene Luft legte sich auf die mit Plastik überzogenen Holzmöbel. Der Kühlschrank ächzte rasselnd. Hinter den Türen, den Öfen, in den Ecken und Winkeln huschte, kratzte und schabte es, paarten sich niedere Stämme gemeiner Insektenarten. Hier lag Gottfried, und hier erst fand er seine Ruhe. Schwer hing über ihm der Küchendunst, ein in Kleider und die Lunge einsickernder Geruch von Schweinefleisch, scharfen Gewürzen und Frauenarbeit. Die Mutter sprach zunächst nicht an auf das Schreien des Kindes, sie war vielleicht zu schwach oder erdrückt von einem seherischen Erschrecken über die eigene Zukunft. Wenn Johann nachts die knarzenden Stiegen zum Schlafzimmer wieder hinaufstieg, war es ihm manchmal, als habe ihn das Schicksal ganz sanft an der Wange berührt, als sei ein Erkennen über ihn und das Haus gekommen, ein Erkennen, das ihn schweigen ließ. Es war Ruhe. Auch der kleine Gottfried schwieg.

Die Szene wiederholte sich noch oft. Bald jede zweite Nacht brüllte er so, daß sein Vater Gottfrieds Körbchen packte und ihn wieder in die Küche trug. Erst wenn sich die warme Feuchte, die Dichte der erschnupperbaren Empfindungen auf die Härchen seiner Nasenschleimhäute legte, wenn er dem Glucksen der Spüle folgte, wenn das Knarren der Holzdielen beruhigend auf seine Seele klopfte, dann fand Gottfried seinen Frieden.

Es war die erste Welt, die er entdeckte. Eine sprachlose, eine namenlose Welt. Es war die Welt der Gerüche. Er nahm sie auf, weit offen, ungefiltert, in allumfassender Gier. Ich rieche, also bin ich. Er wollte nicht essen und nicht kauen, er schleuderte die Plastikschnuller aus seinem Korb, fetzte seiner Spielpuppe die Kleider vom Leib und trank seinen Schoppen mit der süßlichen Milch nur widerstrebend. Hielten sie ihm aber einen dicken, ungewaschenen Männerfinger, eine Puderdose oder den präparierten Schwanz eines Hasen über seinen Kopf, dann griff Gottfried danach und zog das Objekt seines Begehrens an die Nase und sog seinen Duft ein. Diese Welt sollte ihn sein ganzes Leben begleiten. Später, als bärtige Bauarbeiter die ersten Straßen in seinem Dorf vermaßen, Gräben gruben, Kabel und Rohre verlegten, die aufgerissenen Wege wieder zuschütteten, sie schließlich mit Teer übergossen und glattwalzten, da stand er stundenlang neben ihnen, sog den Teergeruch in sich ein, betastete die noch heiße, dampfende neue Straßenschicht. Er hüpfte den Männern hinterher, beobachtete ihren Schweiß, ihre Muskeln, die tropfenbepackten Haare auf der Brust. Lauschte dem Röhren und Zischen der Teermaschine. Und träumte davon, Fahrer der Dampfwalze zu sein. Oder gar diesen Tuff-Tuff-Automaten zu bedienen, dieses hüpfende und von Luftdruckexplosionen knallende Gerät, mit denen die Bauarbeiter den Boden bereiteten. Ähnlich erging es ihm beim Schuster. Damals gab es noch einen im Dorf. In seinem verwinkelten Laden, wo sich Schuhe, Häute, Werkzeuge und leergetrunkene Bierflaschen bis zur Decke stapelten, roch es scharf und wild: nach Gerbsäure, nach getöteten Tieren, nach einer frühen Ahnung von Leidenschaft und Sex. Dieser Geruch war einer der triebhaftesten, die Gottfried kannte. Ein Geruch, der durchs Rückenmark schnitt, wie die Lederpeitsche über den Rücken eines Matrosen auf der »Bounty«. Ein Geruch, der da irgendwo steckenblieb, wie eine lauernde Zeitbombe.

»Was ist nur mit diesem Kind?«

Es war eine der Lieblingsfragen der Großmutter. In der hölzern ausgeschlagenen Sitzecke der Wohnstube schien sie auf irgend etwas zu warten, vielleicht auf ein letztes Duell mit dem Leben, das sie notfalls provozieren wollte. Trotz ihrer Schwerhörigkeit spürte sie die über allem schwebende Depression und legte den Finger in die Wunde. »Was ist das für ein Fluch?« fragte sie leise. »Warum schreit es so?«

Sie bekam keine Antwort. Die Grete hatte das Wochenbett längst verlassen und war mit seltsam gepreßter Haltung an die Arbeit zurückgekehrt, so als müsse sie etwas abbüßen, eine Schuld tilgen, die Rechnung beim großen Unbekannten groschengenau einlösen. Sie wusch, putzte, kochte, schlug die schwere Harke in den Boden hinter dem Haus, um ihn für Schnee und Frost zu bereiten.

»Ich weiß, daß es ein Opfer ist«, sagte sie, wenn der besorgte Johann ihr in den Arm fiel, »ich werde es bringen.«

Aber wußte sie auch für wen? Die Großmutter befürchtete das Schlimmste. Sie gab nicht auf. Fast täglich kamen ihre Fragen und ihre Antworten, stachlig wie Schlehendornen. »In diesem Kind steckt ein Teufel«, sagte sie, und blickte dabei nickend und selbstgewiß den Vater und die Mutter an.

»Ach Scheiße!« schrie Johann dann wütend, schlug die Türen zu und verzog sich in seine Mühle. Grete mied den Blick der Alten.

Die Großmutter schlug ihre dicke, schwere Familienbibel auf, um zur Bestätigung ihrer Meinung in der Weisheit der Evangelien nach Präzedenzfällen zu stöbern. Wenn sie keine passende Stelle gefunden hatte, begann sie Weisheiten aus dem Fundus ihrer Lebenserfahrungen zu zerren. »Es gibt so etwas«, sagte sie, »es gibt solche Kinder. Es gibt sie immer wieder. Sind unter einem bösen Stern geboren. Das Böse gehört zu ihrem Leben wie das Kruzifix in die Kirche. Das sind alles kleine Teufel. Mit denen hat man nur Ärger. Man erkennt sie an ihren Augen, an ihren Quengeleien und an ihrem Geschrei. Die gab es auch schon zu meiner Zeit. Sie schreien, weil sie nach etwas suchen, der Herr weiß, wonach. Sie finden keine Ruhe. Das Böse rüttelt in ihrem Inneren, es tritt die Seele und den Glauben mit Füßen, es ist die Bestie, es ist das Böse.«

Die Großmutter verstummte erschöpft. Wenig später stand sie auf, um sich in einem zerschlagenen Emailletopf jene drei Liter Pfefferminztee zu bereiten, die zu trinken ihr der Arzt verordnet hatte. Es war immer ein Risiko, ihre Klagen in Gegenwart von Grete zu äußern. Grete versuchte wegzuhören, aber es gelang nicht. Ihr Gesicht längte sich wie unter schmerzenden gymnastischen Übungen, die Haut wurde fast überall bleich, nur unter den Augen dunkelte das Fleisch langsam und bedrohlich. Grete war eine großgewachsene, einstmals kräftige Frau. Heute war sie fast hager, die Sehnen und Muskeln umspannten in bitterer Straffheit ein bäuerlich-wuchtiges Knochengestell. Durch ihr unübersehbar grambedingtes Untergewicht nahm der Kopf eine beherrschende Position ein: zwischen dem stolzen Gerüst und der spürbaren Kälte des Blicks.

Die Großmutter verstummte, als sie dieser Blick traf. »Jajaja«, sagte sie in nörgelndem Rückzugsgefecht, »ich bin ja schon still. Aber *dir* könnte ein wenig Glaube auch nichts schaden. Vielleicht wäre dann alles nicht so gekommen. Gottes Wille ist …«

Sie kam nicht mehr dazu, ihr Bekenntnis von der Fügung menschlichen Schicksals zu vollenden. Grete war aufgestanden, hatte die Alte an den Schultern gepackt, sie geschüttelt wie ein Federkissen am geöffneten Fenster und angebrüllt: »Wie oft soll ich dir noch sagen, daß ich davon nichts, nichts mehr hören will! Nichts! Nie mehr!«

3

Gottfried war neun, als der Krebs seine Mutter dahinraffte. Niemand hätte gedacht, daß es so schnell gehen würde. Sie vermutlich auch nicht.

»Ihre Kraft muß aus dem Glauben kommen, Frau Miller, keinen anderen Grund gibt es auf dieser Welt«, sagte der Pfarrer des Dorfes zu ihr. Er hatte es gerüchteweise aus dem Dorf erfahren, der Arzt hatte im Suff geredet, außerdem kündete Gretes Aussehen von ihrem Zustand. Die Worte des Geistlichen waren dünn, schmal und so kühl wie sein Blick durch das Fenster des Pfarrhauses, dessen gekalkte Wände bleiche Schatten warfen auf sein Gesicht und auf jenes der hageren Frau.

»In meinem Glauben ist seit langem keine Kraft mehr«, sagte Grete, die nur widerstrebend der Einladung des Pfarrers gefolgt war, »genaugenommen war er immer wie Haut und Knochen ohne Fleisch. Und nach der Sache mit Sarah waren noch nicht einmal Haut und Knochen übrig. Nur ein großes schwarzes Loch. Mein Mann schüttet dort seine Liebe hinein, aber ich fühle nichts. Und der Junge blickt und sucht und nimmt meine Hand, aber ich kann ihm nicht das geben, was er begehrt, habe das noch nie können. Er steht da wie eine frierende Katze, Augen so groß wie Kastanien.«

Der Pfarrer schwieg. Er hieß Zingler. Der alte Zingler, wie man damals sagte.

»Es war schon immer so«, fuhr Grete fort, »seit Sarahs Tod lebe ich auf Abruf. Ich habe mit ihr alles verloren. Ich weiß, niemand hatte Schuld, und es ist auch nicht Schuld, was schmerzt. Es ist die Hoffnungslosigkeit. Es ist der Samen, der nie eine Chance hatte, zuwenig Humus, zu viele Dornen, neben das Feld gefallen, ohne jede Chance. Ich habe das nie akzeptiert. Und ich habe danach nicht mehr gelebt. Und was jetzt kommt, das ist nur der Schlußpunkt.« Sie atmete gepreßt und hektisch. »Der Arzt in der Stadt hat gesagt, daß ich zwei Möglichkeiten habe. Operieren, Bestrahlen, Chemotherapie und dann vielleicht noch sechs Monate, bestenfalls acht. Oder aber Morphium und noch sechs Wochen, vielleicht auch weniger. Der Arzt meint, es sei nichts mehr zu machen. Metastasen überall. Im Darm, im Magen, Leber, Nieren, was weiß ich wo.«

Der alte Zingler schwieg beharrlich, möglicherweise fiel ihm nichts ein. Endlich hob er seinen Blick aus dem Viereck des Fensters und fixierte Grete. Zingler war eine Instanz, er fühlte es, selbst jetzt noch, selbst noch für diese Frau ohne Hoffnung. Er spürte es, und er genoß es. Er war früher nicht nur Pfarrer, sondern auch Schulmeister gewesen, in einem der größeren Flecken der Hochebene. Irgendein flüchtiger Schicksalsschlag hatte ihn ins Dorf geweht, wo er seine fortschreitende geistige Vergreisung zu verbergen suchte und sein Leben mittels eines Gerüsts aus Kalenderweisheiten und Regularitäten des Kirchenjahres organisierte, ergänzt durch das beständige Kommen und Gehen der Jahreszeiten. Pietistische Radikalität und eine nur noch erahnbare intellektuelle Schärfe machten ihn zur unwidersprochenen Respektsfigur. Er verkündete seiner Gemeinde jene Leidensreligion, die seine eigene tiefe Überzeugung war: ein Erdulden, ein Ausharren, ein Warten auf den Tod, auf die endgültige Aussöhnung mit allem Beschwerlichen und allem von langer Hand Geplanten. Und er predigte: das große Weltengericht, Buße und Sühne für alle begangenen Verwerflichkeiten.

Seine Worte fielen auf fruchtbaren Boden. So hart wie die Seelen der wind- und wettergeplagten Bauern war auch ihr Glauben: eine gefährliche, grausame Mischung aus Moralismus, rigider Lust- und Sinnenfeindlichkeit, gepaart mit der Unerbittlichkeit von Menschen, die jeden zweiten Tag Kälber aus den aufgeschlitzten Leibern ihrer Mutterkühe zerrten, oder die ohne zu zögern samstags in der Früh mit großem Schwung einer vor Angst brüllenden Sau die Axt auf den Kopf schlugen, das Krachen der Knochen und die folgende schmetternde Stille ignorierend, taub für den Klageruf der Natur. Zinglers Glauben war schlicht: Alles, was das Volk unternahm, war in irgendeiner Form sündig, der Mensch schlecht, die Welt ein Jammertal und darin mit dreckverschmierten Stiefeln seine unter die Knute des Höchsten zu zwingende Herde. Er war ihr Hirte, und mit seinem Stab trieb er sie. Durch eine kalte Welt. Durch eine Welt, aus deren Wirklichkeit der Glaube ein Loch gestanzt zu haben schien.

»Sechs Wochen«, sagte Grete leise. »Ich habe mich für sechs Wochen entschieden, und ich werde niemandem davon erzählen. Der Arzt hat mir das Morphium versprochen und auch, daß es niemand erfährt.«

Zingler reagierte endlich. Er schüttelte langsam den Kopf. »Ich vermisse Gottfried in der Kinderkirche«, warf er ein.

Grete Miller zuckte zusammen, sie blickte den Pfarrer kalt an. »Gottfried ist ein schwieriges Kind. Gestern habe ich ihn wieder in sein Zimmer geschickt, als er zu mir unter die Bettdecke kommen wollte. Ich will ihm eine gute Mutter sein, aber ich kann es nicht. Ich hätte es sein können, aber ich kann es nicht mehr.«

Der Pfarrer nickte. »Die Kinderkirche ist Dienst und Freude«, sagte er. »Die Kinder lernen ihren Heiland kennen, und sie lernen, ihren Platz in der Kirche und in der Gemeinde zu finden. Sie sind wie kleine Schafe, die mit Liebe gehütet werden müssen. In der Herde finden sie Kraft, und die braucht auch Gottfried.«

Grete schien ihn nicht zu hören, sie war auf ihrem Holzstuhl in sich zusammengesunken, der Blick geheftet auf die eingedrehten Füße. »Johann ist mir auch keine Hilfe. Er spielt mit dem Kind, wann er kann. Aber Johann kann so selten. Immer ist er müde, er ist so müde, Sie sollten ihn sehen. Er arbeitet zu viel. Auch er kann nicht mehr. Sie kennen ihn ja, er ist verschlossen. Johann macht mir Sorgen. Er nimmt ab. Können sie sich das vorstellen? Er nimmt ab. Und er wird immer müder.«

»Auch der Gottesdienst für Kinder ist gegliedert«, sagte Zingler. Er blickte sich träumerisch um und breitete seine Arme aus. »Er ist wie eine, ja, wie eine Spielzeugausgabe vom großen Gottesdienst. Ich bin sicher, auch Gottfried würde sich bei uns wohl fühlen, schicken Sie ihn doch einfach einmal vorbei.«

Grete nickte, nun vollständig in Gedanken versunken. Auf ihrem Schoß lag eine kleine Handtasche, deren Schnappverschluß sie ununterbrochen öffnete und wieder schloß, so lange, bis sich endlich Haut und Fleisch des linken Daumens einklemmten und der Schmerz wohltuend durch die Hand schoß und sie spürte, daß sie etwas spürte. »Ich bin heute das letzte Mal bei Ihnen«, sagte sie zum Abschied. »Ich habe die Hoffnung verloren, Herr Pfarrer, können Sie das verstehen? Ich warte nur noch. Das restliche mir noch gegebene Leben ist ein Zwischenraum geworden. Zwischen jetzt und dem Nichts. Ich habe alle meine Gefühle verloren, sie sind weggedampft wie Feuchtigkeit unter dem Bügeleisen. Der Glaube ist hin, und woher soll ich sonst noch Gefühle nehmen, die Liebe für dieses Kind, das dauernd schreit, das dauernd fordert, das dauernd nach Liebe lechzt? Woher, Herr Pfarrer?«

Zingler wich ihrem Blick aus und sagte dann an ein unsichtbares Etwas gewandt: »Das Böse schwebt nicht immer über dem Leben der Menschen, Frau Miller. Geben Sie Gott Ihre Hand.« Er dachte nicht daran, wie rasch sie dieser Aufforderung nachkommen würde. Sie redeten nicht mehr viel. Es war sinnlos.

Als es dann passierte, war Gottfried Zuschauer.

»Du bekommst ein Eis, wenn du mitkommst«, lockte die Mutter ihn.

Er hätte sich besser nicht kaufen lassen. Aber es war Sommer und langweilig und ein Eis am Nachmittag eigentlich immer ein Grund, irgend etwas zu tun. Auch, die Mutter und Tante Gertrud auf den Friedhof zu begleiten, zum Grab des Opas, dessen gummiartige, dunkelgrüne Bepflanzung gegossen werden mußte nach der Hitzewelle der Sommermonate. Er wäre ihn besser nicht mitgegangen, den letzten Gang der Mutter, dachte Gottfried später, in schauerndem Gedenken an diesen Tag. Dieser Tag hatte Gottfried die Luft aus der Lunge gepumpt, wie ein Sturz vornüber vom Rad und der brustschmetternde Aufschlag auf den Bordstein, das Gesicht schürfend über den Teer.

Es war Samstag nachmittag gewesen. In den Gärten dröhnten aus knarzenden Mini-Radios die Stimmen der Fußballkommentatoren, unterbrochen nur vom charakteristischen Knacken und Zischen beiseite fliegender Kronenkorken. Die Sonne hatte auf den kleinen Friedhof hinter der Kirche herabgeknallt, als wollte sie die Grabsteine und Gedenkplatten aufbrechen und den Untoten den Weg zurück in die Welt der Beladenen und Leidenden öffnen. Gottfried war mit der Mutter und der schon damals ungeliebten Tante – eine ekelhaft hochmütige und neidzerfressene Frau – Richtung Friedhof gepilgert. Die Älteren hatten ihre Gründe dafür, Gottfried aber ging es nur um das in Aussicht gestellte Eis, das es am Stand vor dem obligaten und den Umständen entsprechend trostlos wirkenden Blumen- und Kranzladen zu kaufen gab. Die Mutter und die Tante hatten sich bewegt wie Schildkröten, langsam den von der Hitze totgebrannten Schotterweg hinauf. Gottfried hatte in die kopfhoch geschnittenen Sträucher am Wegrand gegriffen und mit jedem zweiten Schritt ein Büschel der kleinen grünen Früchte herausgerissen, die er dann, weihevoll wie ein debiler Meßdiener, zu seinen Füßen ausstreute.

Da war es passiert. Ansatzlos war seine Mutter – sie ging vielleicht fünf Meter vor ihm – umgekippt und in die Sträucher gestürzt. Sie erlosch so rasch wie das Licht einer Kerze zwischen zwei speichelbefeuchteten Fingern. Es war ein Tod, wie ihn viele sich wünschen. Schmerzlos, kurz, geräuscharm. Sie kippte einfach zur Seite und fiel in die Büsche, die sie sanft raschelnd aufnahmen. Zwei- oder dreimal quälte sich aus ihrem verzerrten Mund noch ein Röcheln. Dann blieb sie still und mit verdrehten Augen liegen.

Gottfried stand unbewegt und namenlos entsetzt. Das einzige, was er fühlte und an was er sich später noch erinnern konnte, war die Unbegreiflichkeit des Ganzen, die wie ein unhörbarer Glockenschlag über der Szene lag. Die samstägliche Welt schien auf einmal zu ruhen. Vom nahegelegenen Fußballplatz war nichts mehr zu hören, der leise Wind schien völlig auszusetzen, und die wenigen Autos, die auf der Straße durch das Dorf fuhren, senkten demütig ihre blechernen Stimmen. Und dann war da noch dieser Geruch. Gottfried behauptete es später steif und fest. Er hatte ihn gerochen, und er vergaß diesen Geruch nicht mehr. Es war ein gelber, seifener Geruch, schmierig und schwer, überladen von Schweiß und den Ausdünstungen alter Bäume. Der Geruch des Todes.

4

»Du willst also, daß ich den Jungen nehme?« fragte Tante Gertrud, und Johann Miller nickte schwer.

»Ich schaffe das nicht alleine«, antwortete er. »Die Arbeit, das Haus, der Acker. Außerdem braucht ein Kind die Mutter, also, will sagen, braucht die Hand einer Frau. Du wolltest doch immer Kinder haben?«

Gertrud stand in der Millerschen Wohnküche und blickte ihren Bruder haßerfüllt an. »Red mich nicht so schwach an!« rief sie. »Das geht niemanden etwas an. Und ob ich Gottfried nehme, das muß ich mir noch sehr überlegen. Das kostet dich außerdem etwas. Und zwar nicht nur im Monat.«

Johann atmete tief. »Der Junge ist völlig durcheinander.

Die Sache mit Sarah hat er ja zum Glück nicht mitbekommen, und wir haben es ihm auch nicht erzählt, was soll's. Sage du es ihm auch nicht, ja? Aber der Tod von Grete, das ist ein Schock, über den muß er erst einmal hinwegkommen, und das kann er besser bei dir. Also sag ja, und nimm ihn!«

Grete war seit sechs Wochen tot. Johann Miller hatte sich bereits verändert, das hatte auch Gottfried bemerkt. Seit dem Tod seiner Frau hatte er sich völlig in sich zurückgezogen. Selten sprach er, ohne daß man ihn ansprach. Manchmal hatte er seine vehementen Wutausbrüche. Dann wieder versank er in seinen in die Ferne geöffneten Blick: Wenn Gottfried ihn erhaschte, dann schaute er in eine endlose, hellerleuchtete Röhre, seelenlos und ohne Hoffnung, schlimmer als ein Eisenbahntunnel, bei dem man wenigstens das aus der Dunkelheit ragende andere Ende sah, den Weg hinaus ins Licht. Manchmal saß Johann gebeugt und wie geschlagen am Küchentisch, schweigend in eine Zeitung versunken oder trübsinnig die Wand anstarrend. Das doppelte Unglück seines Lebens hing wie Strafe über ihm, und die Wehr- und Harmlosigkeit seines Herzens fand keinen Weg, damit umzugehen. Der Müller war vom Wesen her eigentlich ein umgänglicher Mann, eine ehrliche Haut, wie man so sagt. Eine unverwüstliche Seele, geborgen in einem Körper, den die Natur für die schwereren Aufgaben gebaut hatte. Der längste Mann im Dorf. Einen Meter zweiundneunzig. Kräftig und mit Händen so groß wie Suppenteller. Hände, die immer warm und nie verschwitzt waren. Das lag am Mehl, das den Vater immer einzuhüllen schien wie ein Sandsturm, aus dem in den Träumen Gottfrieds, über Wanderdünen reitend, jederzeit Lawrence von Arabien auftauchen konnte, einer seiner Lieblingsfiguren, der Held Lawrence, dessen aus Mehlnebel aufsteigendes Gesicht die Züge des Vaters annahm. Aber das war vor Jahren. Jetzt war Johannes Miller nur noch

Bruch, seelische Abraumhalde dessen, was er früher war. Und man sah es ihm an, so wie er jetzt auf dem Stuhl am Tisch saß.

»Das kostet dich das Haus«, sagte Gertrud leise. Johann blinzelte. »Ja«, sagte Gertrud immer noch leise, aber mit giftig-zischender Bestimmtheit, »das Haus. Du bist damals eingezogen, als ihr geheiratet habt. Du hast es überschrieben bekommen bei Sarahs Geburt. Und du hattest Mutters Segen für alles, was du getan hast. An mich ...«, Gertrud schneuzte sich aufgebracht die Nase, »... an mich hat niemand gedacht.« Sie hielt inne, beugte sich am Johann entgegengesetzten Ende über den Tisch, blickte ihn scharf an und sagte: »Aber das ändert sich jetzt. Jetzt sitze ich am Hebel, glaube mir.«

Gertrud hatte Pech mit ihren Männern gehabt, das erklärte viel von ihrer Art und ihrem Leben. Am schlimmsten hatte sie die Sache mit ihrem Offizier getroffen. Gertrud war fast zehn Jahre älter als Johann und in den vierziger Jahren gerade jung genug, um die versprochene Braut eines aufstrebenden SS-Unterscharführers zu sein. Dieser junge Mann ging damals ein und aus im Haus der Millers. Er war ein sportlicher Typ mit allerdings tumb wirkenden Augen und begrenzter Auffassungsgabe. Sein Gesicht war schon in jungen Jahren vom Alkohol aufgeschwemmt, und die fliegenpilzroten Adern, die seine Nase musterten, kündeten davon. Er hatte es nicht leicht. Wie viele kirchen- und staatstreue Bauern hatten auch die Millers eine Art von unwilligem, mürrischem und stocktaubem innerem Mißmut gegen die Nazis kultiviert, der sich vor allem aus den Quellen der Heiligen Schrift und einem angeborenen Phlegma zu speisen schien und den sie später »Widerstand« nannten. Mit den zwei namenlos in den Steppen Rußlands verrottenden Körpern junger Männer hatte jedoch auch ihre Familie ihren Tribut an den Endsieg gezollt. Kaum war der Krieg vorbei, war alles vergessen. Der junge SS-Unterscharführer war von heute auf morgen verschwunden, wahlweise behaupteten die Leute, er sei zur Fremdenlegion oder betreibe jetzt im Norden Deutschlands eine Kneipe. Beides schien denkbar. Gertrud behauptete, er sei in den letzten Kriegstagen gefallen. Heldenhaft. Sie weinte nicht um ihn, trug aber ein halbes Jahr lang schwarz. Das war lange her. Aber Gertrud hatte nicht vergessen. Und sie hatte nicht vergeben. Insbesondere ihrem Bruder nicht, der mit seiner Frau Kinder bekommen hatte, der sein Leben in einer von ihr nie erreichten Geradheit leben konnte. Diese gerade Linie war nun schon zum zweiten Mal gebrochen worden, und sie holte nun zum dritten Schlag aus.

Gottfried konnte sich später noch gut an die Szene erinnern. Sein Vater saß am Tisch und unterschrieb das Papier.

»So«, sagte Gertrud, kaum daß Johann den Füllfederhalter abgesetzt hatte. »Mutter kann natürlich hier bleiben, und Gottfried behält sein Zimmer. Aber du mußt so bald wie möglich gehen! In *meinem* Haus ist nicht Platz für uns beide.«

Johann Miller nickte. »Gottfried!« rief er. »Komm her!« Gottfried nahm die ausgestreckte Hand des Vaters. »Tante Gertrud wird jetzt hier einziehen«, sagte Johann, »und sie wird für dich kochen und sorgen. Ich ziehe in die Mühle, du kennst doch das nette Zimmer unter dem Dach. Da kannst du mich jederzeit besuchen. Jederzeit.«

Gottfried nickte. Er blickte mit kaltem Haß auf Gertrud. Sie würde sich noch wundern, diese Kirchenbankscheuerin, der die Heimtücke wie Tropfen flüssigen Stahls aus den Augen spritzte.

Gottfried schwor sich an diesem Tag eines: Er würde ihr nicht gehorchen, ihr niemals gehorchen. Er würde ihr Spiel nicht mitspielen. Er würde *sein* Spiel spielen. Später. Er konnte warten. Auf seinen Tag. Seine Stunde. Mit diesem Warten verging das erste Jahr. Fast jeden Tag besuchte Gottfried seinen Vater in der Mühle. Viel war allerdings nicht mit ihm anzufangen. Er stürzte sich in die Arbeit und fiel abends erschlagen ins Bett. Über das Haus und die Tante wollte er nicht sprechen. »Wie geht's daheim?« fragte er in den ersten Tagen nach seinem Auszug. Später ließ er bei dieser Frage das Wort »daheim« weg.

Auch Gottfried veränderte sich. Er begann die Welt mit anderen Augen zu sehen. Er redete wenig. Nur das Notwendigste mit Tante Gertrud. Statt dessen beobachtete er. Im folgenden Herbst verbrachte er Stunden damit, aus dem Dachfenster zu blicken, das wuchtig in Holz, Latten und Pfannen gehauen war. Die Stille seines im obersten Stock gelegenen Zimmers setzte sich wie abkühlender Dampf auf alle seine Gefühle und Regungen, feuchtete sie an, machte sie taub und langsam. Auf der Straße unter ihm entrollte sich eine Szenerie der Trägheit und des Nichtstuns. Welke braune Blätter segelten zu Boden, zerglitschten mit dem Matsch der aufgeweichten Straße unter den Tritten der wenigen Fußgänger, vermengten sich mit der allgegenwärtigen Kuhscheiße, mit Hausabfällen, allem nur denkbaren Unrat. Gottfried saß da und spürte die Zeit rinnen, fühlte darin den Rhythmus einer mahlenden Mühle, angetrieben aus dem Nichts in ruhiger, beständiger, endloser Tätigkeit.

Alte, verhutzelte Frauen schlichen vorüber, tief eingehüllt in schwarz-blau-weiß gesprenkelte Tücher, mit Gesichtern wie Waschbretter, gutmütige Faltenwürfe in wettergegerbter Haut, gebeugt von Gram, Unterwürfigkeit und Gottvertrauen. Deutlich unterschieden sie sich von den alten Männern. Nur scheinbar schien deren Körper noch ein Mehr an Kraft zu spannen. Man meinte ein aufgezogenes Federblatt in ihnen zu spüren, eine Metallspule, die sie krümmte und sprungbereit machte, jederzeit für irgendwelche Handwerksarbeiten, sprungbereit aber auch für Gefahr und Not und den allzeit nahen Mannstod. Die Häuser, in denen sie nach ihren kurzen Spaziergängen verschwanden, waren wie alle Häuser hier. Eine gewisse, schwer faßbare Schäbigkeit, kleinlich und ängstlich, eine Aura der Furcht, schien miteingemauert zu sein in die balkenverstrebten Winkel und Ecken. Die Häuser des Dorfes lagen in der Landschaft wie tote Tauben, deren armselige kleine Leben durch das Gift armseliger kleiner Menschen ausgelöscht worden waren. Die Fenster der Häuser fraßen sich wie Augenhöhlen in bleifarbene Schädelgesichter. Von schiefen Wänden rieselte der Putz, nüchtern standen die grob behauenen Sockel, eine Palette in Grau, verschmiert mit Erde, Pferdemist und festgebackenem Heu. Und aus dem Zement ragten die geknickten Arme des Holzfachwerks, aus den seitlich eingefallenen Schornsteinen rann ein Fähnchen dünnen Rauchs. Manchmal, ganz selten, polterten Pferde durch die damals noch ungeteerte Straße, in müdem Trott, heiß fauchend und schnaubend, links und rechts ausbrechend, sich in der Gangart verhaspelnd, wieder in Trab fallend. Nur wenn der Wind wütend zischte, helleuchtender Nebel wie Atem gegen die Gemäuer quoll, wenn das Laub raschelte und der Herbst mit kalter Hand nach Land und Leuten griff, dann strahlten die Häuser eine Art von Trotz aus. Einen sinnlosen, einen unstolzen, einen verkümmerten Trotz.

5 Die Wende in Gottfrieds Leben kam durch Molcho. Molcho war sein bester Freund, aber zwischen ihnen beiden hatten bislang immer die Eltern und eine für Gottfried lange Zeit unsichtbare soziale Schranke gestanden. Molcho kam nämlich aus den Blocks. Die Blocks, das waren drei sechsstöckige Häuserkomplexe, etwas außerhalb des Dorfes gelegen. Bautrupps aus der Stadt hatten sie in den Jahren nach dem Krieg hochgezogen, mißtrauisch beobachtet von den Dörflern. Noch mehr Mißtrauen schlug den bald daraufhin eingezogenen neuen Nachbarn entgegen: Vertriebene aus den Ostgebieten, Übersiedler, sozialer Bodensatz der Stadt.

»Die Blocks – das ist Ghetto!« pflegte Vater Rudow seinem Sohn Molcho schon in frühen Tagen zu sagen, und Molcho vergaß es nie. »Die Blocks, die Blocks – ich kann es nicht mehr hören!« Molcho reagierte noch Jahre später wütend. »Das verfolgt dich, das läßt dich nicht los. Und dann noch dieser komische Name. Ach, Scheiße! Ich dachte, irgendwann hört das auf. Aber es hört nicht auf. Noch nicht mal jetzt in der neuen Schule. Die Blocks – das ist wirklich ein Ghetto«, sagte Molcho. »Da hat mein Vater schon recht. Wenn du hier geboren bist, dann hast du deinen Ruf weg. Hier wohnen die Fertigen, die Harten, Leute wie ich.«

Die Dörfler sahen die neuen Nachbarn nicht gerne, sie mochten es auch nicht, wenn die Leute aus den Blocks in ihre Läden kamen, wenn sie sich in ihre Kneipen setzten, wenn die Kinder beider Lager miteinander spielten. Daß sie dieselben Schulen im Dorf und der Stadt besuchen konnten, war allerdings nicht zu verhindern. Daß es von den sechzehn Kindern der letzten vier Jahrgänge nur zwei ans Gymnasium der Stadt geschafft hatten, und daß der eine Gottfried und der andere Molcho, also einer aus den Blocks war, das war dann doch zuviel. Die Dörfler schrieben es mißmutig jenem verachtenswerten, dünnen und kurzzeitigen Windhauch sozialer Durchlässigkeit zu, der das Land in den siebziger Jahren warm durchwehte. »Die haben' s nötig«, kommentierten sie verdrossen die Bildungserfolge der ihrer Ansicht nach gesellschaftlich zu Recht Deklassierten, oft mit müdem Blick auf die eigene mißratene Brut.

Molcho war entschlossen, es ihnen irgendwann einmal heimzuzahlen, das alles, genau wußte er es nicht. Aber er hatte seine Rechnung mit dem Schicksal noch offen. Molcho war ein schulbekannter Einzelgänger, der einzige, der es bereits mit vierzehn wagte, überhaupt und dann auch noch außerhalb der erlaubten Zonen auf dem Schulhof zu rauchen. Die Lehrer ließen ihn aus nie ausgesprochenem Grund gewähren, vermutlich aus einer gewissen Furcht vor Molchos aggressiv zur Schau getragenen Unabhängigkeit, die sie, so ahnte man manchmal, anders als auf autoritäre Weise zu brechen trachteten. Vielleicht akzeptierten sie sein Verhalten aber auch deshalb, weil es seltsamerweise nicht zur allgemeinen Erosion grundsätzlicher Verbote führte, sondern im Gegenteil: Als eine die Regel komplementär ergänzende Ausnahme schien Molcho die Gültigkeit der Anordnungen nur noch zu bestätigen.

»Dein Lehrer im Bösen«, sagte Molcho grinsend.

»Dein Freund im Guten«, echote Gottfried, murmelnd und mit finsterem Blick.

Es war ihre Parole. Es war ihr Freundschaftsschwur. Sie standen einander gegenüber, ein kurzer Blick in die Augen, und ihre Arme schwangen ruckartig nach hinten, schnellten dann vor, und zwei Paar Hände patschten so kräftig gegeneinander, daß die jungen Körper zitterten und ein feuchter Film die Augen trübte. Gottfried war jetzt fast fünfzehn, Molcho sechzehn Jahre alt, und sie kannten einander schon aus dem

Kindergarten. Bereits am ersten Tag hatten sie sich verstanden. Es war damals Frühling gewesen, die Sonne schien, und wie bei einer Werbeaktion für kindliche Spiel- und Lebensfreude lag das gesamte Spielzeug das Kindergartens verteilt im weitläufigen Garten. Die Kinder waren unwillig, als die Leiterin des Horts versuchte, in ihre neue Gruppe eine Art von Basis-Struktur zu bringen. Auf ihre Anweisung hin saßen sie in einer Runde auf der großen Wiese, sie stand inmitten und fragte die Kleinen nach ihren Namen.

»Ich bin Molcho«, hatte Molcho damals trotzig geblafft, ahnend, was jetzt kommen würde. Alle lachten.

»Molcho, das ist doch kein Name«, sagte eine.

Molcho schien auf diese Antwort nur gewartet zu haben. Er sprang auf, stürzte sich auf sie, riß sie an den Haaren und schlug ihr mit der Faust zweimal in den Magen, so schnell und gezielt, daß es kaum zu sehen war. Die Kindergärtnerin – alle sagten Tante Barbara zu ihr – stürzte sich auf Molcho, viele andere auch. Molcho schlug um sich und erwehrte sich mühsam der Überzahl. Gottfried blieb sitzen. Er hatte beide Augen weit aufgerissen und fühlte eine seltsame Macht in seinen Adern blubbern. *Er* verstand diesen Molcho. Er hatte zwar auch gelacht, aber jetzt tat es ihm leid. Er spürte Wut in sich aufkochen, sprudelnde, unbezwingbare Wut, es war ein aggressives Scharren und Kratzen, ein Kochen im Gemüt, das Brummeln einer vor Hunger und Hitze irr gewordenen Wespe, die ein grausames Gehirn bei vollem Sonnenlicht in einem umgedrehten Bierglas gefangenhielt. Und er griff nach dem nächstliegenden Gegenstand. Es war eine metallene Schaufel, die eigentlich im Sandkasten Verwendung finden sollte. Gottfried stand auf und ging auf die haßfreudigerregten Kinder zu, die sich über den am Boden liegenden und verzweifelt kämpfenden Molcho beugten und nur mühsam von Barbara zurückzuhalten waren. Dann schlug er zu.

Offenkundig war es für ihn bedeutunglos, wen er traf. Das zufällige Opfer war ein braungebrannter Junge mit strohblonden Haaren. Die Schaufel sauste auf seinen Hinterkopf, knallte auf Haut und Knochen und federte sirrend zurück. Augenblicklich brach der Junge zusammen, aus einer zentimeterlangen Wunde schwappte das Blut wie aus einer geplatzten Sirupflasche. Die Kinder spritzten vor Schreck auseinander, alle schrien im Anblick des Blutes, der verletzte Junge blickte ungläubig auf die klebrige Flüssigkeit an seinen Händen. Immer wieder befühlte er den Kopf, und vor Erstaunen vergaß er ganz zu weinen. Erst als Barbara ihn mit weißem Mull verband und den Arzt rief, fing er an zu heulen.

Im ganzen Durcheinander und Geschrei hatte niemand Molcho und Gottfried beachtet. Sie waren aufgestanden, und Gottfried hatte den Schmutz von Molchos Kleidern geklopft.

»Sie haben mich auch nicht gefragt, als sie mich Gottfried nannten«, sagte er. Molcho nickte.

Seit diesem Tag verstanden sie sich. Gottfried wurde zur Strafe für zwei Wochen aus dem Hort ausgesperrt. Zwei Wochen Hausverbot. Gottfried war es recht. So viel zu Gott und so viel zu Fried.

»Irrsinn«, sagte Molcho an diesem Tag, mehr zu sich selbst gewandt. »Reiner Irrsinn. Selbstgebrannter Irrsinn. Wo du hinkuckst, in diesem Scheißdorf. Aber eine große Klappe. Stolz auf ihr eigenes Scheißleben, auf ihre eigene Scheißart zu leben.«

Gottfried hörte zu. Er hörte Molcho gerne zu. Er war ein Prophet der Wut, und Wut hatte auch Gottfried viel. Sie saßen, die Arme auf die Knie gestützt, einige Schritte hinter dem Bahnhof, am Hang eines Gleisbettes, dessen Schienenstrang nicht mehr genutzt wurde und wo zwischen Schwellen und Geröll Gras und Unkraut wucherten.

Molcho beugte sich im Sitzen nach vorn und nahm einen Stein des Schwellenschotters wägend in die Hand. »Ist dir das noch nie aufgefallen?« fragte er Gottfried.

»Was?«

»Na, der ganze Irrsinn von den Leuten. Geht es dir nicht auch manchmal so? Daß du plötzlich wie durch ein Fenster auf alles Schreckliche und Abstoßende blickst? Daß du Tage hast, an denen dir die Welt völlig hoffnungslos erscheint, an denen du morgens die Augen aufschlägst und von diesem Zeitpunkt an alles wie einen Schlag ins Gesicht bekommst. Wie wenn die Natur sich selbst nicht leiden, sich selbst verabscheuen würde.«

Gottfried blickte seinen Freund bei diesen Worten aus den Augenwinkeln an, so unauffällig wie möglich. Ja, auch er kannte solche Tage. Es waren Tage, denen oft Nächte mit schlimmen Träumen den Weg ebneten, Tage, an denen nur häßliche Menschen die Straßen zu bevölkern schienen, Männer und Frauen mit bösen Gesichtern, erniedrigten Gedanken und gebeugten Leibern. Er fürchtete sich vor diesen grausam-stumpfen Menschen, die geradewegs seinen Albträumen entstiegen zu sein schienen, einer Vision von tiefen, hoffnungslosen Abgründen der Brutalität, von Stumpfsinnigkeit, von sabbernder, geifernder Gier, von unverhohlenem, gewalttätigem sexuellem Trieb. Das Abwegige, das andere, hatte dann die Macht an sich gerissen. »Doch, ich kenne das auch«, sagte Gottfried, und, um noch ein bißchen von seinem Glauben an das Gute zu retten: »Aber es sind nicht viele Tage.«

Molcho lachte. Er umfaßte den Stein in seiner Hand mit allen fünf Fingern und spannte die Muskeln so kräftig an, daß die Adern am Unterarm blau bleckten. »Das ist schön für dich«, sagte er. »Daß es nicht so viele Tage sind. Bei mir sind es viele Tage, viel zu viele Tage.«

Dann stand er plötzlich auf, sprang fast, und schleuderte den Kalkbrocken mit voller Wucht und bebender Wut auf die Scheibe eines Schuppens, der ganz in der Nähe stand und in dem die letzten verbliebenen Bahnarbeiter ihre Werkzeuge aufbewahrten. Der Stein zertrümmerte die Scheibe unerwarteterweise nicht, sondern schoß hindurch, stanzte mit stumpfem Knall ein gezacktes Loch ins Glas. »Scheiße«, sagte Molcho und stampfte unzufrieden auf, bückte sich kurz und warf dann mit bitterer Spannung aller Muskeln einen zweiten, größeren Stein. Jetzt grinste er: Sein Geschoß zerfetzte die Scheibe, zersplitternde Scherben prasselten auf den geteerten Boden vor dem Schuppen und spritzten mutwillig nach allen Seiten weg.

»Es wird Zeit zurückzuschlagen«, sagte Molcho plötzlich. Er sagte es ganz kalt, mit betäubter Stimme. »Los, jetzt Du auch«, sagte Molcho und hielt ihm den Stein hin.

»Nein, ich will jetzt nicht«, sagte Gottfried.

»Du wirfst jetzt diesen Stein durch dieses Fenster«, befahl Molcho, »du wirst dieses Fenster restlos zerstören, schlägst die Scheibe raus, und zwar am besten mit einem einzigen gewaltigen Wurf!«

Gottfried blickte erst wütend auf Molcho, sah in dessen entschlossenem Blick ein feines Grinsen, das die Fältchen um die Augen fächerte, und nickte dann. »In Ordnung«, sagte er, nahm den Stein und schleuderte ihn mit aller Gewalt, derer er fähig war.

Molcho blickte ihn noch einmal kurz an, dann warf auch er. Jetzt legten sie los, jetzt räumten sie ab: Zwei Reihen Fenster waren bald ohne Glas. Sie fühlten sich gut, immer besser sogar, obwohl die Treffer immer seltener wurden. Nur noch Reste des Ziels standen spitz in den morschen Holzrahmen.

Gottfried lächelte fein. Zeit zum Zurückschlagen. Ja. So war es. »Es wird Zeit«, sagte auch er.

»Ja, es wird Zeit«, echote Molcho mit erhobener Stimme. »Und als ersten machen wir den alten Matthias fertig!«

»Ach Scheiße«, sagte Gottfried, »gerade der, der kann sich doch kaum wehren, der alte Trottel.«

»Von wegen alter Trottel«, widersprach Molcho. »Matthias Höfer, Nazi-Höfer, der ist ein Schwein. Ein richtiges Schwein. Ein Dörfler, wie er im Buch steht. Scheinheilig, verlogen, selbstgerecht. Der ist jetzt dran. Kann schon sein, daß der wehrlos ist. Aber mit den Wehrlosen fangen wir an. Der ist jetzt dran.« Gottfried schüttelte den Kopf, stand aber auf, als Molcho ihn mit einer unwirschen Handbewegung dazu aufforderte. Irgend etwas zuckte in ihm. Etwas, das schon lange wartete. Sie gingen los.

Achtlos hingeworfen wie eine leere Streichholzschachtel lag am Waldrand das Haus des alten Matthias. Der betonierte Sockel des Gebäudes schien schräg in den Boden gerammt. Über dem massivem Stein kreuzten sich splitternde Holzbalken, die, von Wind und Wetter und mangelnder Pflege graugeschabt, brüchigen, auf Stroh aufgetragenen Zement faßten. Dunkle, alte und zerfranste Tannen wölbten sich über das verzogene Dach, den zerstörten Vorgarten durchfurchten schmierige Fahrspuren. Ein Hund, ein Kalb von einem Hund, hatte zu alledem mit seinen Pfoten im hochliegenden Lehm gegraben und seine Spuren hatten sich wie fletschende Panzerketten auf einem Truppenübungsplatz in die wenigen Quadratmeter gefräst. Hinter den verschwiemelten Fenstern des Hauses wohnte der alte Matthias – Nazi-Höfer.

Es war Sommer, ein stinkend-heißer Sommertag. Über den Feldern stand die wabernde Luft, wackelnd und flirrend wie frisch gekochter Pudding, die Mücken summten einem das Hirn schwindlig und Überdrüssigkeit lag wie eine Seuche über dem Land. Die Sonne stach wie Nadeln und heizte die Nachmittagsstunden auf afrikanisch anmutende Art: trocken und kompakt, mit einer Wärme, die geradezu gegenständliche Form annahm, Wände erhitzter Gelatine auftürmte, in der das Leben eingeschlossen schien, Tage, die nur Sonnenbrand und jugendlichen Schweiß bedeuteten oder nur unwesentlich mehr. Es war auch die Hitze, die zu ihrem Entschluß beitrug, eine Hitze, die sanft-disharmonisch ganz hinten im Schädel Kopfschmerzen singen und schon seit Tagesbeginn rumorende Aggression aufsteigen ließ. Wie in Zeitlupe quoll dieser Detonationspilz jetzt an die Oberfläche ihres Bewußtseins, drängte sich durch die Zwiebelschichten ihres Denkens dorthin, wo Entscheidungen fallen. Der alte Matthias war das ideale Opfer. Sein mürrisches Wesen zog die Grausamkeit der Menschen an wie Kuhfladen die Mükken. Das stiefeltrampelnde Unbefriedigtsein der Erwachsenen und der sinnlose Übermut der Kinder entluden sich an ihm, auch jetzt wieder. Gottfried und Molcho sahen einander an. In ihrem Blick schwamm eine Ahnung von Grausamkeit und ein euphorisch-gespanntes Warten auf den bevorstehenden Adrenalinschock.

Der Anschlag fand am Nachmittag statt. Aufwendige Planung war nicht notwendig, da Nazi-Höfer feste Lebensgewohnheiten besaß. Zweimal am Tag fuhr er einkaufen. Er bestieg sein Kreidler-Moped und knatterte damit den Feldweg den Hang hinab Richtung Dorf. Die erste Tour mit seinem Moped machte Matthias morgens in der Früh. Das war schon Stunden her. Aber jetzt am frühen Abend war seine zweite Fahrt fällig. Noch unbeobachtet von Molcho und Gottfried schob er das Moped aus seiner »Garage«, einem niedrigen Bretterverschlag, der oben und an zwei Seitenwänden mit Wellblech verkleidet war. Matthias Höfer warf die Maschine an und holperte los. Der rostige Gepäckträger hinter seinem Rücken hielt einen verbogenen Weidenkorb. Erschüttert von den Bodenwellen klingelten darin leere Bierflaschen, reckten ihre Hälse wie Entenküken über den Rand. Matthias ging Bier holen.

Vom Hügel, wo sein Haus stand, führte ein holpriger, zerschlagener Weg hinab, durch die Felder, ein unsicherer Fahrweg, mit Löchern und tiefen Rinnen. Gottfried und Molcho lagen lauernd im Graben, links und rechts des Wegs, verborgen in wucherndem Gras und schmachtendem Mohn, umschwirrt von Insekten. Matthias tauchte rumpelnd am Scheitel des Hangs auf, sein Moped bockte und wackelte, die Flaschen klirrten, das Hinterrad brach aus, knallte in ein Schlagloch, schlingerte heraus, schien kurz zu schweben, krallte sich dann knirschend wieder in die trockene Erde und beschleunigte weiter. Höfer fuhr konzentriert und mit sichtbarer Anstrengung. Aber das Seil sah er nicht. Es lag unter rasch aufgeschütteter Erde und hastig herausgerissenen Grasbüscheln gut verborgen, und es schnellte genau im richtigen Moment in die Höhe. Matthias, sein Moped, der Korb, die Bierflaschen stoben auseinander, sie trennten sich wie chemische Elemente bei der Zerlegung im Reagenzglas. Das Moped jaulte noch einmal protestierend auf, purzelte durch die Luft und schlug dann stumpf und widerstrebend auf. Benzin floß fast sofort aus Rissen und Löchern im Tank und tränkte den knochentrockenen Boden. Mit grausam verrenkten Gliedern schlug Bruchteile von Sekunden später auch Matthias Höfer auf. Direkt neben seinem in den Staub gequetschten Gesicht ging der Splitterregen zerplatzender Pfandflaschen nieder. Matthias stöhnte und jammerte ein wenig, quälte sich dann aber auf die Beine. Seine Kleider waren staubbedeckt, er klopfte sich ab, schaute sich um und kratzte sich am Hinterkopf. Dort lag das Seil, er sah es, unschuldig, dünn. Gottfried und Molcho kauerten hinter den Büschen, still.

Sie beobachteten. Beobachteten ihr Objekt. Sahen es sich die Hosen abklopfen. Moped und Korb herbeiholen. Das Seil aufnehmen, sorgfältig aufwickeln, die Maschine untersuchen. Schließlich davonschieben, mißmutig und mit gebeugten Schultern.

Gottfried lag da, starr vom Anblick der Szene. Er hatte einen schalen Geschmack im Mund. Der Gaumen klebte im Rachen wie der Saugnapf eines Gummipfeils an Fensterglas. Gottfried schluckte. Die Sonne stach auf ihn herab. Er drehte sich auf den Rücken und stierte in die Strahlen, bis er die Augen nicht mehr offenhalten konnte. Alles drehte sich. Hinter den geschlossenen Lidern tanzten Kreise und Wellen als Zwerge und Elfen auf einem makabren Ball des Schattenreichs. Eine tiefe Ruhe kam über ihn.

6

Gottfried war niedergeschlagen wie noch nie. »Sie wollen mich von der Schule nehmen«, murmelte er so leise, daß es Molcho kaum verstehen konnte. »Mein Vater sagt, die Schule habe einen schlechten Einfluß auf mich. Ich sei den ganzen Tag nicht da, sei nur mit dir zusammen und würde überhaupt immer komischer.«

Molcho schaute seinen Freund entsetzt an. »Das ist doch totale Scheiße«, erwiderte er.

»Natürlich ist das Schwachsinn«, sagte Gottfried. »Vater meint das, glaube ich, auch gar nicht so. Da steckt natürlich die Gertrud, meine Scheiß-Tante, dahinter. Ihr hat das von Anfang nicht gefallen. Höhere Schule und so. Das Kind des Bruders. Sie hat erstens selbst keine Kinder und weiß zweitens ganz genau, daß, wenn sie welche hätte, die das nicht schaffen würden. Die ist von einem ganz seltsamen Neid zerfressen, Neid auf alles, was ohne sie läuft, auf alles, was sie nicht kontrollieren und schlechtmachen kann. Ja, so ist die.«

Gottfried atmete tief. Er fühlte sich wehr- und kraftlos. Es war Schwäche, die Wut machte. Er kannte das Gefühl aus dem Fußballverein.

»So, jetzt wollen wir uns wieder mal so richtig scharf machen«, sagte sein Trainer hin und wieder und teilte an die Mannschaft alte Fahrradschläuche aus. Jeweils zwei der Gummiwülste waren zu einer Acht zusammengeknotet, so daß sie zwei Ringe bildeten. Zwei möglichst gleichstarke Spieler mußten nun jeweils einen Ring um die Hüfte schlingen. Sie nahmen an der Toraus-Linie Aufstellung, und dann kam der Pfiff. Einer der beiden fahrradschlauchberingten Jugendlichen sprintete, der andere stemmte sich mit aller Kraft dagegen. Gottfried liebte und haßte die Übung. Sie war effektiv wie wenige andere. Sie war aber auch entwürdigend wie wenige andere. Gottfried sprintete. Rannte gegen den Widerstand. Gegen den fürchterlichen Gummi, der nachgab, mit Vorankommen lockte und dann, kaum zeigte man eine Sekunde Schwäche, zurückzog, ungeachtet der erbrachten Leistung, ganz gleich, ganz egal, mit der Schonungslosigkeit eines unbarmherzigen Gleichmachers. Und wenn die Beine nachgaben, wenn die Lunge bei jedem Atemzug rasselte, wenn das triumphierende Keuchen des Bremsers ihn wieder auf die Knie gezwungen hatte, dann kam der Trainer. Er beugte sich zu ihm hinab und schrie aus zehn Zentimetern Entfernung direkt in Gottfrieds Ohr: »Noch fünfzehn Sekunden, ich will dich noch fünfzehn Sekunden sehen, fünfzehn!« Dann versuchte man es noch einmal, und die nur sekundenlange Zeit quälte sich an einem vorbei wie halbfester Honig aus einem umgekippten Glas. Es war eine Übung der

Niederlage, eine Übung für den Kampfgeist, auch dann noch, wenn man keine Chance hatte. So fühlte er sich jetzt. Chancenlos.

»Ich weiß nicht, was ich machen soll«, sagte er zu Molcho gewandt. »Ich glaube, sie fühlen schlicht, daß sie die Kontrolle über mich verlieren. Eine Kontrolle, die sie eigentlich noch nie gehabt haben. Das ist der Hauptgrund. Und dann ist da natürlich noch die Sache mit dem alten Matthias. Der war bei Gertrud und hat sich beschwert über uns. Die alte Kuh hat mich verdroschen und dem Höfer einen Schnaps eingeschenkt. Sie wollte mir Hausarrest geben, aber das geht ja nicht, wegen der Schule. Und deswegen will sie jetzt, daß damit bald Schluß ist. Sie war schon viermal bei Vater und hat ihm in den Ohren gelegen.«

Gottfried und Molcho saßen an ihrem Lieblingsplatz am Bahndamm. Es hatte an diesem heißen Mittag kurz, aber heftig geregnet, nach dem Sommergewitter hingen die Zweige der Bäume noch schwer, und dicke Tropfen zerplatzten auf dem Boden. Die Natur dampfte darin eine Welle von Fruchtbarkeit aus, Nacktschnecken glitschten ihren Weg zwischen den zitternd stehenden Stelzen der Amseln, und eine feuchte Ahnung vom Wunder des Lebens stand in der Luft.

»Das kannst du dir nicht gefallen lassen«, meinte Molcho. »Das können *wir* uns nicht gefallen lassen.«

»Ja, aber was kann man denn tun?« rief Gottfried verzweifelt. »Ich bin noch nicht einmal fünfzehn, das werde ich erst in vier Monaten. Die können machen, was sie wollen. Die fragen mich nicht einmal.«

Molcho kratzte sich am Kopf. Dann deutete er auf die Schwingtüren des kleinen Bahnhofs, durch die gerade die letzten Fahrgäste des zweiten Mittagszugs gingen. »Durch diese Türen werden wir dieses Scheißdorf eines Tages endgültig verlassen. Nicht nur in die Schule, sondern wirklich weg. Und nicht wieder zurückkehren, höchstens mit den Füßen voraus!«

Molcho wählte wieder einmal die große Geste. Er reckte die Faust und schüttelte sie. Einige der Richtung Parkplatz und Fahrradständer eilenden Passanten blickten giftig. Aber sie begriffen nichts von der Situation. Molcho übrigens auch nicht. Er hatte keine Ahnung davon, was er gerade vor sich hingeredet hatte. Vielleicht war das gut so.

»Wie wäre es mit Abhauen?« fragte er plötzlich, ganz leise.

»Abhauen, Blödsinn«, sagte Gottfried, »die holen mich mit der Polizei zurück, da bin ich noch keine zwölf Stunden weg.«

»Eins mußt du wissen«, erwiderte Molcho bedeutungsschwer. »Wenn du gehst, dann gehe ich mit. Meinen Eltern ist alles scheißegal. Die machen da schon mit, wären mich lieber heute als morgen los. Bei dir müssen wir uns noch eine Möglichkeit überlegen.«

»Schön wär's«, sagte Gottfried seufzend.

Er glaubte nicht daran. Gerade hier, an diesem Ort, erschien dieser Sprung kaum möglich, der Schritt hinaus in weiter Ferne. »Die Stadt« – so nannten die Dörfler alles »andere«, alles Fremde, von außen Kommende. Molcho und Gottfried als Schüler in der Stadt zählten fast schon dazu, zu jenem »Fremden«, allein ihre tägliche Fahrt in eine andere Welt machte sie im Dorf schon zu Außenseitern. Die Stadt begann für die Dörfler an jenem kleinen und bis auf einen Linienverkehr – fünfmal am Tag – seit Jahren stillgelegten Dorfbahnhof. Hier stieß ihre Welt auf die erste wirkliche Grenze, hier endeten Vertrautheit und Sicherheit, hier war der Todesstreifen, der die Universen trennte. Hier schieden sich die Werte des Dorfes von jenen der Außenwelt, hier war die unsichtbare Linie. Man federte durch die Flügeltüren des verrußten Gebäudes, und der undefinierbare, bundesbahneigene Geruch von Metall, abgegriffenem Holz, Ruß, alten Socken, ölverschmierten Werkzeugen und klebrigem Plastik schlug auf die Schleimhäute. Das runzlige Gesicht des Beamten hinter der beschlagenen Milchglasscheibe. Er schob auf Wunsch kleine, braune Kärtchen durch den Verkaufsschlitz: Für Molcho und Gottfried waren es Eintrittskarten ins Leben. Ein warmes Gefühl quoll in ihm förmlich auf wie Hefeteig. Er fühlte sich auf seltsame Weise frei und berauscht. Wie eine Taube, die zwei liebevoll gestreckte Arme gen Himmel hoben, wenn sich die warmen Finger der feuchten Hände sich öffneten und dem Auge das Blau des Himmels entgegensprang, frisch und kühl wie ein Traum von Freiheit.

»Und jetzt?« fragte Gottfried und setzte hinzu: »Alles, aber auf keinen Fall nach Hause.«

»Auf keinen Fall«, antwortete Molcho und fragte zurück: »Schwimmbad?«

»Schwimmbad!«

Dieser Sommer war ein ganzes Leben wert. Es war ein Jahrhundertsommer, wie die Leute sagten. Unter den Ziegeln der Dächer quoll die Dachpappe und staute die Hitze zu weichen Wärmedecken, die durch die Häuser wallten wie Laken auf der Wäscheleine in den müden Brisen eines eingeschlafenen Morgenwinds. Die Sonnenwärme lag wie ein riesengroßer, heißer Pfannkuchen über dem Land. Sirrend und flirrend stand die Luft auf den sandfarbenen, knisternden Feldern und den endlos sich am Horizont verlierenden Wegen dazwischen. Der Ackerboden war knochenhart getrocknet. Das Getreide brütete goldgelbes Korn aus, die Tiere des Waldes hatten sich in die hintersten Ecken ihrer Reviere geflüchtet, und selbst die Sumpf- und Teichpflanzen ließen ihre Halme hängen wie männliche Sexualorgane nach Vollzug ihrer Funktion. Es waren Tage, an denen die Welt stillstand. Nichts schien sich mehr zu bewegen. Hunde und Katzen schlichen wie geprügelt über die staubende Hauptstraße des Ortes. Hinter den Fenstern der Häuser waren die Vorhänge zugezogen, so als befände sich das ganze Dorf in Trauer. Kein Mensch war zu sehen. Leicht und leise schlurfte manchmal ein verirrter Windstoß durch die Straßen, wie in einem Westernfilm trieb er Hühnerfedern und trudelnde Staubwolken vor sich her. Die Luft war trocken wie zermahlenes Gebein, sie roch flüchtig nach Ernte, glühendem Teer und ganz sanft nach frischen Pflanzen, Schuld, Sühne und Verschwiegenheit. Und nach Wasser. Nach Wassertropfen auf erhitzter Kinderhaut. Nach Sommer im Schwimmbad. Das Bad war eine Art Attraktion des Dorfes, die auch die Menschen rundum gelegener Gemeinden anlockte und so etwas wie den kulturellen Mittelpunkt des Lebens darstellte, jedenfalls an Wochenenden. Auf dieses Schwimmbad gründete sich der Stolz einer ganzen Generation, dieses in Beton gegossene Monument der Nachkriegszeit war ein Symbol dessen, daß man es wieder geschafft hatte. Ein Becken mit Sprungturm, hundert Meter lang, vierzig breit, ein Kinder-, ein Babybecken, Liegewiesen mit Platz für fünftausend Leute, und das in einem Ort, in dem knapp neunhundert Menschen lebten. Das Heldendenkmal des Wirtschaftswunders war gleichzeitig die Rache des Gemeinderats am Nachbarort. Der nämlich hatte die Konzession für einen Märchenwald bekommen, einen dieser Freizeitparks, in denen dauernd irgendwelche Schneewittchen, sieben Zwerge, Rumpelstilzchen, Drachen, Riesen und der böse Wolf zwischen den Tannen auftauchten oder auch einfach nur als Pappmodelle in der Gegend herumstanden, sinnreich eingebunden in ein System von Karussells, Rutschen, Bierstuben und Freiluftcafés. So war das Schwimmbad zum Aushängeschild des Dorfes geworden.

Gottfried und Molcho dachten darüber nicht nach. Sie legten sich etwas abseits in den Schatten.

»Erst mal beobachten«, sagte Molcho. Gegen Mittag füllte sich das Bad langsam. Die Freizeitler breiteten sich auf der Liegewiese aus wie eine Hautkrankheit oder wie Champignons auf einer feuchten Frühsommerwiese, erst klein und weiß, dann schwellend und zunehmend rötlich-keck die Köpfe reckend. Alles bedeckten sie mit Teppichen, Handtüchern, Schuhen, halbverknüllten Unterhosen, Trägerunterhemden, Boccia-Schlägern, aufblasbaren Gummitieren, dröhnenden Radioapparaten, dem Deckel der Kühltasche, torkelnden Bierflaschen. Dicke Ehefrauen zogen unwidersprochen das Oberteil ihres Bikinis aus – es war die Zeit, in der dies straflos geduldet zu werden begann – und cremten die hervorplatzende wabbelnde Masse von Speck und schrumpligen Spitzen händeweise mit Sonnencreme ein, bis sie glänzten wie Schwein in Aspik. Neben ihnen lagen ihre Männer, deren Bäuche kugelrund und straff in die Welt hinausspannten, wie aufgezogene Zelte oder zum Abstechen bereite Blutwürste. Für Gottfried waren es Familien des menschlichen Terrors, gestockte Aminosäurehaufen, sinnlose Lebensdurchlauferhitzer mit der fatalen Neigung, sich auf dem Weg ins Grab selbst zu reproduzieren, die inkarnierte Dummheit, der Faschismus in seiner Keimzelle, eine Keimzelle, so feucht und naß wie ein verschwitzter Männerarsch, eng und klamm wie der Kragen eines katholischen Priesters, wenn er die Beichte seiner sündenbeladenen Kundschaft zur Kenntnis nahm, kurz: eine Art von Witz der Natur über sich selbst. Dennoch war das Schwimmbad auch für Molcho und Gottfried der übliche Sommertreffpunkt, wo sonst sollte man sich verabreden? Sie immerhin gehörten zu jenen Inseln jugendlichen Fleisches mit dem großen Vorteil aller Jugend, dem körperlichen, unter anderem auch dem, abends, wie stark die Sonne auch immer geschienen haben mochte, nicht krebsrot und idiotisch durch die Drehkreuze am Ausgang zu wanken, sondern höchstens angenehm rotbraun eingefärbt, der Inbegriff blühender Tage.

»Da ist er wieder«, sagte Molcho plötzlich. Er deutete auf einen braungebrannten alten Mann, der wie gehetzt über die Wiesen lief. »Der alte Matthias.«

Tatsächlich, jetzt erkannte ihn auch Gottfried. Matthias, unübersehbar ein verhutzelter, verrunzelter geiler alter Bock, sechzig Jahre alt, aber trainiert genug, um gebeugt vorwärtszustreben und die Reihen der Sonnenbadenden zu sichten. Den Oberkörper im Dreissig-Grad-Winkel nach vorne gebeugt, schlurfte er über die Wiese wie ein Kneippkur-Teilnehmer durch die Kaltwasserrinne. Das Haar hing ihm ins Gesicht, die dunkelbraunen Falten knitterten sein starres Grinsen wie ein Geschirrtuch, das im Winter nicht von der Leine genommen worden war. Von seinen Schenkeln hingen Hautsäcke herunter, Hautsäcke, die jede Straffheit verloren hatten.

»Wir müssen aufpassen, daß er uns nicht erkennt«, sagte Gottfried und drehte sich auf den Bauch. »Ich habe jetzt keine Lust auf Ärger.«

»Zigarette?« fragte Molcho, er hatte es schon so oft gefragt, kannte die Antwort und fragte dennoch.

»Nein, danke«, antwortete Gottfried. »Ein Bier wäre dir lieber, hm?« erwiderte Molcho und lachte. »Oder auch nicht. Mit den Drogen hast du es noch nicht so, was Gottfried?«

Gottfried mußte auch lachen. »Nein, wirklich nicht. Mein erster Rausch hat mir gereicht.«

Molcho drehte sich ebenfalls um, legte seinen Kopf auf die Schultasche und blickte Gottfried auffällig interessiert an. »Erzähle!« forderte er.

»Da gibt's nicht viel zu erzählen«, sagte Gottfried. »Ist noch gar nicht so lange her. Habe Bowle getrunken. Tante Gertruds Bowle. Mensch, war die sauer, als sie mich auf dem Klo fand, das kannst du dir nicht vorstellen.«

»Auf dem Klo?« fragte Molcho grinsend.

»Ja, auf dem Klo«, antwortete Gottfried.

Es war vor drei Monaten gewesen. Sein Jungfernflug in Sachen Trunkenheit. Der Alkohol war bei diesem ersten Mal mit großen, ausgebreiteten Schwingen auf ihn herabgerauscht, hatte ihn gepackt wie ein Adler den Fisch, in die Höhe gerissen, ihn durch die Luft geschleudert, durch warme, weiche Schichten, durch Wattewolken und Nebelbänke emporgetragen, und gerade dann, als es schön war, fallen lassen. Gottfried war ernüchtert und mit grimmigem, zehrendem Hirnpochen aufgeschlagen, in der Wirklichkeit. Diese Wirklichkeit war die Toilette zu Hause. Dort hatte es ihn umgeworfen, dort war er wie eine Vogelscheuche im Herbststurm auf den gesprenkelten Steinboden geknallt, mit dem Kopf voraus, schmetternd, mit einem Geräusch von platzenden Eierschalen. Mühsam hatte er sich mit voller Blase dorthin geschleppt. Kaum angekommen aber wurde ihm in einer ungeheuren Geschwindigkeit schlecht, er beugte sich vornüber, sah die Welt in einen Taumel von Drehungen und Schwingungen versinken, sah oben und unten nicht mehr, japste nach Luft und lag schon da. Später fanden sie ihn, den Holzdeckel der Keramikschüssel hochgeklappt, er auf dem Boden, neben seinem Kopf eine kleine noch glänzende Blutlache. Die Tante hatte ihm die verkrusteten Haare abgeschnitten, besser als Waschen war das allemal, so weh wie es tat.

»Erinnerst du dich noch, als ich so kurze Haare hatte?« fragte Gottfried.

»Klar«, sagte Molcho.

Wochenlang war Gottfried mit einer superkurzen Igelfrisur herumgelaufen, zur Freude der Gleichaltrigen im Dorf, die sich erzählten, er habe Kopfläuse gehabt, wie die beiden Idioten vom Bach. Die beiden Idioten vom Bach, das waren Zwillinge, zwei Jungs, drei Jahre jünger als Gottfried. Sie wohnten in einem reichlich heruntergekommenen Haus am Bach, und sie waren – vermutlich Folge mütterlichen Alkoholmißbrauchs während der Schwangerschaft – so verblödet, daß sie sich einmal gegenseitig und – das war das Beste – hintereinander, im Abstand von nur wenigen Stunden, aus dem Fenster im ersten Stock ihres Hauses geworfen hatten. Ohne irgendeinen Grund. Das ging damals mit jeweils einem gebrochenen und einem verstauchten Arm ab. Als der zweite den ersten über das Fensterbrett schubste, mußte er schon rasende Schmerzen gehabt haben, vom ersten eigenen Sturz. Einmal hatten sie versucht, einander die Haare zu schneiden. Danach waren ihre Köpfe eine abgegraste Kuhweide am Ende eines heißen Sommers. Große weite leergefressene Flächen bedeckten ihre unzureichend gefüllten Gehirnschalen, dazwischen eingestreut, Inseln verzweifelter Vegetation, widerborstige Haarbüschel, die sie in ihrem Frisierwahn übersehen hatten. Das Beste aber waren ihre Ohren. In rasender Begeisterung über das Klappern von Mutters Stoffschere aus dem Nähkästchen hatten sie sich nicht nur über die Haare, sondern auch über die Spitzen ihrer kleinen Ohren hergemacht. Den ganzen Sommer trugen sie einen Verband über den Ohren. Mullhütchen, Zipfelmützen über den Löffeln eines Osterhasen.

»In ihrer Idiotie haben es die beiden wieder fertiggebracht, sich weh zu tun, diesmal, indem sie einander die Ohrenspitzen abschnippelten, und das, obwohl das Blut längst auf ihre gleichgemusterten T-Shirts getropft war und es, Idiotie hin, Idiotie her, beiden verdammt weh getan haben mußte. Na ja, und danach wurden die beiden kahlgeschoren, weil es sonst zu blöd ausgesehen hätte.« Gottfried hatte sich aufgesetzt und war jetzt in erzählerischen Schwung gekommen. »Wie auch immer, jedenfalls waren die beiden seither das Gespött der Spielplätze. Idiot durfte man damals allerdings zu niemandem sagen, deshalb erzählten die Eltern ihren Kindern die Geschichte mit den Kopfläusen. Diese Erklärung war natürlich auch nicht viel besser als die Wahrheit und machte die beiden Idioten auch nicht gerade glücklich, und klüger sowieso nicht.«

Gottfried lachte. »Aber zurück zu meinem ersten Rausch. Das Kurzscheren war ja bloß die Folge. Angefangen hat die Sache ja mit dieser Bowle.«

Auf dem Boden der Speisekammer stand sie. Eine metallisch blinkende und rätselhaft rauschende Schüssel. Gottfried hatte sich gebückt und den Deckel gehoben. Der prickelnde Dunst hüpfender Sektsprudelbläschen schlug ihm ins Gesicht. In der spritzigen Flüssigkeit schwammen halbierte Erdbeeren, Ananasstückchen, Mandarinenscheibchen aus der Dose. Es war die gleichzeitige Verheißung von Weihnachten, Kindergeburtstag und Silvester. Als Gottfried die erste Kelle zum Mund führte, hatte er das Unrecht noch wie eine nasse Jeansjacke auf seinen Schultern gespürt, ein Gefühl, das zusehends schwand und in sinnlose, aber himmelhohe Euphorie umschlug, so lange, bis die Sache blutig endete und sein Blick in einem Regen zersplitternder Wahrnehmungen zerbrach.

Nicht daß er vorher nicht schon Kontakt mit dem Alkohol gehabt hätte. Das war schlichtweg unmöglich, dort wo er herkam. Auf dem Land tranken alle. Mehr oder minder, früher oder später, kürzer oder länger. Spätestens mit der Erkenntnis, daß den Jungen zwischen den Beinen das Fleisch wachsen konnte, und spätestens mit den damit verbundenen feuchten Träumen von den Körpern verschwitzter Mädchen, die einem in lauen Sommernächten auf einer der Lichtungen im Wald ins Ohrläppchen bissen, spätestens von diesem Zeitpunkt an griff der Alkohol wie Gevatter Tod nach den werdenden Männern. Im Fußballverein, bei der Blasmusik oder ganz einfach an einem langweiligen Nachmittag im Freundeskreis am Waldrand oder an den Ufern des Baches, auf den Klippen eines Felsbrockens mitten in der Landschaft oder in einem alten, verlassenen Bauwagen kam dann die Initiation. Es war ein Ritual des flachen Landes, wie manches andere, mit dem einzigen Unterschied, daß ihm keiner entkam. Und so endeten manche Männer und Frauen, noch bevor sie irgend etwas anderes hätten erreichen können, in den Dorfwirtschaften, die nicht nur die zweite, sondern für viele die erste Heimat wurden. Dort saßen die Rotschädel dann schon vormittags über ihren Gläsern. Manche hatten riesige Maßkrüge vor sich, in die sie schweigend hineinstarrten. Ihre Hände, Arme und Köpfe bewegten sich wie in Zeitlupe, und ihre Körper verströmten einen dumpf-morbiden Geruch, der Gottfried an den Tod seiner Mutter erinnerte.

»Ja, das war meine erste Erfahrung mit dem Alkohol«, sagte er schnell, um diesen Gedanken zu verdrängen. »Und du? Wie war das bei dir?«

Molcho lachte, und mit einer raschen Handbewegung verscheuchte er die Frage wie eine lästige Mücke.

»Mir fällt gerade etwas anderes ein«, entgegnete er. »Es gibt hier ein Gebüsch, in einem der äußersten Winkel des Bades, kennst du es?«

Gottfried schüttelte unwirsch den Kopf. »Komisch, in dieses Gebüsch führt ein derartig ausgetrampelter Weg, dahinten liegt es, fast nicht zu übersehen.«

»Ja, und?« fragte Gottfried. Molcho schmunzelte.

»Das war unsere Ausziehecke, damals in der Grundschule. Habt ihr das nicht gehabt? Es war der Gipfel des Verrufenen. Die Mädchen zeigten uns dort ihre Ärsche, haha. Eigentlich waren es nur zwei Mädchen, die anderen trauten sich nicht. Sie hießen Bettina und Christine, die müßtest doch auch du kennen, die gingen nämlich in deine Klasse.«

Doch, Gottfried kannte sie. Bettina war – unter sexuellen Aspekten betrachtet – der unangefochtene Star auf dem Schulhof gewesen. Ihr Körper atmete schon Sex, da kannten die anderen noch nicht die Buchstaben dieses Wortes. Es war damals schon klar, daß sie in dieser Hinsicht die Nummer eins werden würde, und damit war sie eigentlich auch schon uninteressant für Gottfried, weil er vermutlich einmal die Nummer siebzehn werden würde, mit seiner wackligen, desinteressierten Sportlichkeit und seiner nachdenklichen Versponnenheit, die sich dem Fleischlichen erst allmählich zuwenden sollte. Christine hingegen war das genaue Abbild des im Dorf Üblichen, Regionalliga sozusagen, das typisch frühgeile Durchschnittsprodukt jener sich röstenden Fleischberge, die die anderen Stellen der Liegewiese im Schwimmbad verunstalteten.

»Christine war praktisch immer dabei«, sagte Molcho. »Ein Wort und ab in die Büsche. Ohne große Aufforderung hat sie jederzeit hinter den Büschen die Hosen heruntergezogen oder den Rock gehoben. Wir starrten darauf, als sähen wir Engel fliegen oder könnten die Geheimnisse des Weltalls verstehen, oder als hätten wir den Märchenschatz gemeinsam mit einem irren Hans im Glück geborgen. Was konnte ein Arsch faszinierend sein. Vermutlich deshalb, weil eigentlich gar nichts zu sehen war. Zwei runde, pralle Halbkugeln, weiß wie nur irgendwas, wie eine frisch lackierte Badezimmertür oder eben weiß wie ein echter Kinderarsch. Christines Hintern habe ich Dutzende von Malen gesehen, den von Bettina nur einmal. Bettina ging meist nur mit einem ins Gebüsch, Thomas hieß der, so ein Schönling, der Vater im Gemeinderat, ein Wichtigtuer, von daheim und der Natur verwöhnt, junges angenehmes frisches Fleisch, weißt du, so der Typ des nie schwitzenden Sportlers, einer von denen, die immer gesund und braungebrannt aussehen, in allem und jedem begabt. Na ja, und mit ihm durfte ich einmal mit. Es war keine Offenbarung, sage ich dir. Ein Arsch wie jeder andere. Eins habe ich da schon begriffen. Arsch ist Arsch, da hilft alles nichts.«

Gottfried dachte an seine frühere Klassenkameradin. Später hatten sie sie Bett-Ina genannt, was zugegebenermaßen in jeder Hinsicht unfair und falsch war, eine Aussage, die vermutlich vor allem dem Neid und einem gewissen vorpubertären Hormonstau zuzurechnen war. Arsch ist Arsch.

Gottfried mußte lachen. Es konnte alles so einfach sein. Er lachte laut und schüttelte sich vor Lachen. Selbst Molcho schaute verunsichert.

7 Zwei Tage entschieden damals Gottfrieds weiteres Leben. Der erste war sein fünfzehnter Geburtstag. Sein Vater hatte ihn eingeladen. Er sollte in die Mühle kommen, ihn abholen, dann wollten sie Essen gehen. Als Gottfried im Verkaufsbüro ankam, gab ihm sein Vater den Schlüssel zu seinem Zimmer. »Es dauert nicht mehr lange«, sagte er und deutete auf den Telefonhörer, den er gerade abgenommen hatte. Gottfried war die Treppen hochgestiegen, hatte aufgeschlossen und sich im Zimmer des Vaters umgeschaut. Es war so trist und langweilig eingerichtet, wie man es nach Johann Millers Lebensgeschichte erwarten konnte. Nur auf dem großen Schrank standen, auffällig und unpassend zugleich, zwei Schachteln aus Karton, die mit buntem Papier beklebt waren, sicher nicht vom Vater selbst, dachte Gottfried.

Er wartete eine Viertelstunde und dann weitere zwanzig Minuten. Es war langweilig. Die Schachteln kamen ihm bekannt vor. Sie hatten damals im Schlafzimmer der Eltern gestanden. Gottfried nahm einen Stuhl und holte die Schachteln herab. Er öffnete die kleinere von beiden. Sie war voller Photos, kreuz und quer, mit geknickten Ecken lagen sie durcheinander, weder nach Zeit noch nach Motiven geordnet. Gottfried begann zu kramen. Ganz unten entdeckte er ein Photoalbum. Er blätterte und ließ die knitterigen Zellophanschutzseiten durch die Finger streichen. Wie gebannt erforschte er die schwarzweiße Welt der Vergangenheit. Wie lustig die Autos aussahen, wie schüchtern die Häuser, ungeteert alle Wege, die Gärten ohne Zäune und dazwischen frohe junge Menschen, sein Vater jugendlich rank, mit rebellischem Blick, die ungeschlachten Schultern nach vorn geworfen, die Fäuste leicht geballt wie ein Mittelgewichtsboxer, und die Mutter das blühende Leben, mit einem Lachen wie Milch und Honig. Erst als er das lachende Baby auf ihren Armen sah, erschrak Gottfried. »Johann, Sarah und ich«, hatte seine Mutter auf die Rückseite des Bildes geschrieben.

Gottfried war so tief in Gedanken versunken, daß er es nicht merkte, als sein Vater ins Zimmer trat. Johannes Miller brauchte nur einen kurzen Blick, um zu erkennen, was vor Gottfried auf dem Boden lag.

»Wir wollten es dir nicht sagen«, sagte er, und seine Lippen zitterten, »und wir konnten es wohl auch gar nicht. Ich konnte nicht, Grete konnte nicht.« Er mußte sich auf sein Bett setzen. »Jetzt weißt du es also. Das ist deine Schwester. Oder besser gesagt«, er schluckte, »das war deine Schwester.«

Gottfried saß da, die Photographie seiner Schwester rutschte ihm aus den Fingern. Er spürte nichts. Kaum hörte er seinen Vater. Das durfte doch nicht wahr sein, dachte er. Noch ein Tod. Ihm reichte es. Noch einmal dieses Gefühl, das zu vergessen er sich so angestrengt hatte. Das konnte doch gar nicht wahr sein. Es war ein seltsames, nicht genau artikulierbares Gefühl. Beim Tod seiner Mutter hatte er es schon empfunden, nur viel stärker. Es war etwa so wie Ausrutschen auf Eis. Den Boden verlieren unter den Füßen. Oder noch genauer: wie das Herausbrechen einer Wand im schützenden Haus seiner Kinderwelt. Eine Front stand jetzt offen, wie nach einem Bombenangriff, der ein Drittel dieses Hauses abrasiert hatte.

»Ja, die Sarah«, sagte sein Vater mehr zu sich selbst, »die tote Sarah. Im Grunde war ihr Tod einer jener Schicksalsschläge, von denen sich eine Familie nicht mehr erholt, nicht mehr erholen kann, einer jener Schläge, die Mütter geistesabwesend und Väter schweigen machen können. Mir fällt auch nichts mehr dazu ein.«

»Erzähl mir von Sarah!« befahl Gottfried mit inquisitorischer Härte. Er hatte zu lange dieses Schweigen gespürt. Jetzt mußte er mehr wissen.

»Sarah ist zehn Jahre vor dir auf die Welt gekommen«, sagte sein Vater nach langem Zögern, »und sie hat sechs Jahre lang gelebt und geatmet, gespielt, gefühlt, glücklich, vielleicht viel glücklicher also du, Gottfried, weil wir damals alle noch glücklich waren, keine oder kaum Sorgen hatten.«

Gottfried schloß die Augen. Im Marionettentheater seiner Einbildung strafften sich die Fäden der auf der Bühne liegenden Puppen, staksig standen sie auf, und eine von ihnen lachte, so wie Sarah einmal gelacht haben mochte. Sie lachte und weinte, sie aß und trank, sie purzelte und schrie.

Aus weiter Ferne kam die Stimme seines Vaters. »Sarah ist so plötzlich gestorben, daß man dachte, der Herrgott schlägt mit einem Schlagballschläger auf unsere Köpfe, auf die Köpfe seiner weinenden Schafe. Sie ist gestorben, einfach so, an einem Tag wie jedem anderen. Ohne Vorwarnung, ohne Botschaft für die Zukunft. Sinnlos wie Gegenwind. Deine

Mutter und mich hat das gebrochen. Eines Nachts riß sie uns mit ihren Schreien aus dem Schlaf. Irgendein Fieber loderte in ihr, als ob es sie von innen zerreißen wollte, fast auseinandersprengen. Am Morgen noch war sie über die Wiesen getrollt. Hatte Grashalme büschelweise ausgerissen, den Pferden unter ihr mahlendes Gebiß gehalten, ihren Geruch aufgesogen, hatte Darmöffnungen der Kühe befühlt, die ihr dabei ihre Schwanzquasten wie eine Peitsche über das Gesicht schleuderten, die ihre harten Zungen wie Schleifpapier über ihre noch zarten Händchen raspeln ließen. Sie liebte die Tiere. Das Fieber dauerte zwei Tage. Woher sie es hatte? Wir wußten es damals nicht, ich weiß es noch heute nicht.«

Johann Miller konnte nicht weitersprechen. Zu nah war die Erinnerung. Der schon damals trinkende Landarzt unterschrieb den Totenschein, vielleicht trank er auch gerade deshalb, weil er immer wieder solche Geschichten erleben mußte und ihm dann irgendwann einmal die schlaffen, toten Finger eines Kindes durch die Hand glitten, er den Kopf hob, um mit blinden Augen die Blicke der Eltern zu suchen. Die Unerbittlichkeit seines Kopfschüttelns hielt kaum er selbst aus. Grete Miller hatte weinend, brüllend und schwitzend die Laken von Sarahs Bett abgezogen, auf einen Haufen hinter dem Haus geworfen und diesen in Flammen gesteckt. Mit dem Schweiß des Fiebers, dem Urin der Angst und den Tränen der Eltern war das Leinen wie schwarzer Blütensamen in der Luft zerstoben, in die Höhe getragen, verpufft und weggepustet, wie ein schlimmer Tag im Dunkel der Nacht verschwunden.

Vor ihm hatte es also Sarah gegeben. Die *erste* Tote in seinem Leben, dachte Gottfried. Und sie hatten es ihm verschwiegen. Warum bloß? So war doch alles noch viel schlimmer. Nicht nur wegen der Schule mußte er von hier fort, dachte Gottfried. Nicht nur wegen der Schule, sondern auch wegen den Toten. Diese Toten, die immer wieder auftauchten wie umgeworfene Teufelsfiguren an einer Wurfbude, alles Dagegenschleudern nutzte nicht, die Mechanik war stärker.

Er mußte weg. Der Gedanke formte sich erst ganz langsam in seinem Gehirn, er lag vorerst nur in Bruchstücken vor, wie Dreiecke, Räder, Quadrate und Stifte aus buntem Holz, die sich unter den prüfenden Augen einer Vorschulpädagogin im Kindergarten nicht fügen wollten zum geforderten Bild.

So unpräzise der Gedanke auch war: Die Überlegung nahm Masse an, eine konturlose Masse, die Vision vom Abschied wurde zum neuronalen Gummimonster, ein Wesen mit zerfließenden runden Armen, wie Teig im Dezember, den die Großmutter in die alten Pfefferkuchenformen ihrer eigenen Mutter goß, tropfend wie Max und Moritz in der Illustration des Wilhelm-Busch-Buchs, eine Vision, die ihm nicht neu war, sondern die mit der Zeit und seinem Körper aufgegangen war, hefeartig wie seine ganze Generation, getrieben von scheinbarer Sorglosigkeit, den Fortschritten der Medizin und nährstoffreichem Kinderbrei.

»Versprich mir eines, Vater«, sagte er. »Laß mich weggehen. Laß mich machen. Laß mich einfach nur machen. Schlimmer kann es nicht kommen.«

Johann Miller sagte nichts. Aber Gottfried sah ihn nicken, als er ihn verließ.

Langsam ging er nach Hause zurück. Er spürte die Bedeutung der Stunde. Jetzt fehlte nur noch der letzte Schritt. Er würde ihn gehen, er mußte ihn gehen. Tintig wie vollreife Kirschen im Herbst hatte es sein Empfinden gefärbt, sein sonst unbeschwertes Glück; war raschelnder, scharfer Wind gewesen, der unmittelbar vor dem Losplatzen eines Gewitters durch die Blumen einer Sommerwiese zischelte, durch das Blütenmeer in seinem Bauch. Von Anfang an war der

Gleichtakt seines Lebens aus dem Rhythmus gebracht. Unübersehbar holperte das Schicksal der ganzen Familie seit Sarahs Tod über einen verschorften Pfad, und die Lebenswege bogen sich auseinander wie gebundene Ähren auf dem Feld. Einem ihrer Fingerzeige würde er jetzt nachgehen.

8 Die zweite Entscheidung fiel an einem Freitag. Gottfried hatte den Vormittag grübelnd in seinem Zimmer verbracht. Wie konnte er es schaffen, endlich von hier loszukommen, endlich weg aus dem Dorf, weg, irgendwohin? Er hatte keine genaue Vorstellung, aber er fühlte, daß etwas geschehen mußte.

Gegen zwölf verließ er sein Zimmer, um sein Rad aus dem Keller zu holen und Molcho zu besuchen. Er stieg die Treppen hinab und stutzte plötzlich. Er hörte Geräusche. Es war eine Art von heftigem, bösem Schnaufen, röchelnd durch die Nase, dann wieder tief emporsteigend aus unsichtbaren Bauchhöhlen, ein Stöhnen und Röhren, wie von einem erstickt knurrenden Hund. Stirnrunzelnd blieb er stehen. Noch auf der ersten Treppenkehre bückte er sich und schlich zwei, drei Stufen näher.

Auf halber Höhe der Kellertreppe konnte man in die einzelnen, mit Holzlatten abgetrennten Kellerabteile blicken. Am obersten Ende dieser Holzkonstruktionen, etwa ebenerdig zum Plateau zwischen den Treppenabschnitten, befand sich für das darunterliegende Abteil ein herausschwenkbares Fenster, ein abgetrenntes Stück grob vernagelter Holzlatten, das an zwei Scharnieren hing und das Einlagern von Kohle oder Kartoffeln erleichtern sollte. Dieses Fenster stand offen und aus der Tiefe des Raums darunter kamen Urlaute, die Gottfried bis ins Mark trafen.

Gottfried beugte sich über den Rand des Fensters. Seine

Neugier war seltsam verdorben, war verbotenes Interesse, kalt, verschwitzt und schwarz wie ein Eimer voll Öl. Gottfried starrte hinab ins Dämmerlicht des Kellerabteils. Das wenige Licht fiel nur etwa bis zur Hälfte in den Raum.

Und dann sah er sie. Sah Gertrud da liegen, den Mund geöffnet, auf unheimliche, auf erschreckende Weise verzerrt. Sie lag auf dem Rücken, den Kopf fast direkt unterhalb Gottfrieds, der sich durch das Verschlagsfenster reckte wie eine Schildkröte aus ihrem Panzer. Gertruds durch vieles Waschen verfärbter Pullover, ihre zerschlissene Bluse und das, was sie sonst noch darunter trug, waren bis zum Hals hinaufgeschoben. Die Kleider standen ihr wie ein zerfledderter Rettungsring vor dem Kinn. Ihr schwerer, dunkelkarierter Rock war auf die Hüfte geschlagen. Ihre Beine hatte Gertrud auseinandergerissen, der eine Fuß ruhte in halber Höhe auf dem Boden eines Regals, der andere verlor sich, von oben unsichtbar, im Dunkeln. Dort, ebenfalls verdeckt, aber unmißverständlich anwesend, verbarg sich im Dämmerlicht ein weiterer, schwer arbeitender Körper. Von ihm sah man nur den hervorgewölbten Bauch. Und eine Hand. Ihre Finger griffen hart in den Längsbalken eines Regals. Auf ihnen schimmerten im funzeligen Licht schwarzsilberne Ringe mit seltsamen, schwer erkennbaren Kreuzen.

Gertrud hielt die Augen geschlossen, ihre Nasenflügel bebten. Alles federte und vibrierte, das Röcheln und Stöhnen der beiden nahm etwas Wahnsinniges an, die Holzregale knarrten, der Mann, der sich bewegte wie eine Maschine, schnaufte atemlos, es war ein hohes, gepreßtes Zischen, es klang wie entweichender Dampf aus einer Lok, die am Bahnhof langsam anfuhr. Gertrud war mittlerweile in eine Art von Jauchzen übergegangen.

Gottfried war entsetzt und sprachlos. Alles schien jetzt einem bestimmten Punkt entgegenzustreben, schien sich zu beschleunigen und zu dramatisieren. Und dann war es soweit. Gottfried spürte eine nahe Gefahr, konnte sich aber nicht bewegen, jetzt nicht, nicht in diesem Moment. Er starrte durch das kleine Holzfenster ins Gesicht von Gertrud.

Da geschah es. Sie schlug ihre Augen auf, und ihre durchdrehenden, irren Pupillen schienen mitten im Höhepunkt einzufrieren, stellten plötzlich scharf, fixierten wie ein automatisches Photoobjektiv das Bild über ihr, kopfüber das seltsam verblüffte Gesicht von Gottfried. Auf der schillernden Netzhaut brannte sich das Bild von Gottfried ein. Er blickte mit unsagbarem Erstaunen in diese Augen und fühlte plötzlich die Stunde gekommen. Irgend etwas geschah in diesem Moment. Noch in ihre sich lösende Spannung hinein sagte er laut: »Hallo, Tante Gertrud. Lange nicht gesehen. Ich hoffe, dir geht es gut.«

Während sich Gertrud unten verschluckte und in die dunkle Ecke des Kellers flüchtete, stand Gottfried auf und kehrte zurück nach oben. Er ging in die Küche, öffnete den Kühlschrank und nahm sich ein Bier. Es war das erste Mal, daß er das tat. Er trank aus der Flasche und setzte sich breitbeinig auf das Sofa in der Wohnstube. Er wartete. Er konnte warten.

Gottfried kreuzte die Arme entspannt hinter dem Kopf und lächelte süßlich, als sich die Tür öffnete. Er blickte Gertrud in die unsicher flackernden Augen. Seine Beine waren ausgestreckt. Seine Muskeln pulsierten in kraftspendender Wärme. Gottfried fühlte den Sieg durch seine Seele rieseln. Es war ein gutes Gefühl. Gertruds Augenlider zuckten nervös. Sie mußte immer wieder wegblicken. Gottfried grinste. Er nahm sein Bier, stand auf und ging ganz nah an ihr vorbei, so nah, daß er sie fast berührte.

»Ich packe jetzt«, sagte er, als er die Tür öffnete und dann vorsichtig wieder hinter sich schloß.

»Was tun?«

1 »Das findest du schick, was?« fragte Molcho. »Ja, du findest das schick, ich weiß es, ich kenne dich, wer, wenn nicht ich, soll dich kennen?«

Was denn, verdammt, kann man daran schick finden, dachte Gottfried, sagte aber nichts.

»Jaja«, fuhr Molcho unerbittlich fort, und in seiner Stimme schepperte der Zynismus wie Geld in einer Caritas-Sammelbüchse, »ich kenne das. Das ist tiefe, tiefe, trübe Resignation, tintig, gallig, gemein. Da weiß man, was man hat, das ist ein ziehender, schöner Schmerz. Und der gefällt dir, stimmt's?«

Hör auf, dachte Gottfried, hör bitte auf. Unter seiner Schädeldecke brummte die Unzufriedenheit wie eine unruhige, schwarze Wolke schwärmender Ameisen, fast so, als ob er das Wimmeln der Elektronenimpulse in den Nervenbahnen auf ihrer rasenden Fahrt im Stammhirn spüren könnte.

»Sag mir, Molcho, bist *du* denn zufrieden? Ist *das* das ganze Ergebnis?« fragte er mutlos zurück.

Gottfried blickte sich in seinem kleinen Zimmer um. Die drei auseinandergerutschten, muffigen Matratzenteile. Schwaden dicken Rauchs hingen darüber, in einer Ecke glomm unscharf die Zigarette von Molcho. Gottfried kniff die Augen zusammen.

»Fast ein Jahr sind wir jetzt weg«, sagte er zögernd. »Ein Jahr ...«

Von Molcho kam als Antwort nur das feine Knistern der gerade angerauchten Zigarette.

»Ich weiß nicht, wie es dir geht. Aber wenn *ich* die Augen schließe«, fuhr Gottfried fort, »dann kommen die Gesichter aus dem Dorf, ihre Fratzen. Sehen aus wie Faschingsmasken, und sie tanzen im Kreis, schreien, sie weinen und schlagen Türen, die Wände wackeln, Lichter flackern, ach ...« Gottfried legte sich rücklings auf die Matratze und streckte alle viere in die Höhe wie eine auf ihren Panzer gefallene Schildkröte. Er blickte in Molchos Ecke. »Sag mir doch Molcho, war *das* alles? War das alles, was wir erreichen wollten? Abhauen, bloß weg? Die Schule aufgeben? Ja, ich weiß schon, alles in Ordnung, ich weiß, was du sagen willst. Es war richtig, alles. Aber wofür? Wir dachten doch immer, es gibt ein ›wofür‹. Bis jetzt sehe ich nichts. Alles, was wir jeden Tag schaffen, ist hier zu liegen, angetrunken und zugeknallt und nichts anderes vor Augen als der tägliche Ärger. Diese elenden Jobs, Obstkisten schleppen den halben Tag oder Sand von der Straße in eine Baugrube schaufeln, Bücher in Kisten verpacken und fünf Stockwerke hoch ausliefern, das ist doch sinnlose Plackerei, das bringt uns doch keinen Schritt voran!«

»Ganz ruhig, Gottfried«, kam Molchos Antwort nach einer Pause, langsam wie ein Reptil nach kalter Nacht. »Außerdem: Schritte wohin? Was willst du eigentlich? Muß alles ein Ziel finden? Alles einen Zweck haben? Vielleicht denkst du einfach zuviel über zu viele Dinge nach. Und vielleicht hättest du das Pervitin nicht nehmen sollen, alles dreht sich dann, die ganze Welt stellt sich auf den Kopf, das bringt gar nichts, die ganzen Tabletten bringen nichts.«

Muß gerade er sagen, dachte Gottfried, während Molcho fortfuhr.

»Wir haben die Sache zusammen begonnen, wir machen sie zusammen weiter. Mir zumindest reicht das, vorerst. Schnelle Erfolge – ich weiß gar nicht, was du willst. Es ist doch alles in Ordnung. Ausreichend Geld, Dach über dem

Kopf, gute Freunde, keiner, der einem etwas vorschreibt. Was willst du mehr?«

Was will ich mehr, überlegte Gottfried und starrte auf die abblätternde Deckenfarbe und fand keine Antwort. Aus einer Ecke des Raumes, Gottfried nahm es jetzt erst wirklich wahr, rumpelte monotone Musik aus Molchos altem Gerät, die Deutsch-Amerikanische Freundschaft sang: »... *und ich, und ich, und ich, in der Wirklichkeit* ...«, die beiden Musiker der Band wiederholten diesen Satz manisch, es konnte einem schwindlig werden davon.

»Gute Freunde«, murmelte Gottfried, »ja, das stimmt schon. Und sie haben uns noch nicht gekriegt«, fuhr er etwas lauter fort.

Molcho fiel ihm sofort ins Wort. »Ach, Gottfried, wer ist denn *sie*? Ich kann dir nur eins sagen: Vergiß die ganze Vergangenheit, vergiß alles, was war und was nicht war. Und bitte: Keinen Beißzwang gegen Unbekannt mehr, alles ist in Ordnung, glaube mir.«

»Und dann noch diese Musik!« rief Gottfried schrill und sprang in plötzlicher Wut auf, »die macht mich verrückt, die macht mich ganz ... ich weiß nicht!«

Molcho ließ als Zeichen seines Desinteresses an dieser Aussage wieder seinen Tabak knistern, ein Geräusch, das beruhigend wirkte, wärmend wie Pfeifenrauch an dunklen Wintertagen. »Entspann dich«, wiederholte er.

Gottfried atmete tief durch. Immerhin war er hier daheim. Und Molcho war sein Freund. Sein bester Freund. Sein einziger und letzter Freund. Oder? Sie waren einen weiten Weg gegangen. Und sie würden ihn weitergehen. Einen Begleiter braucht man eben, dachte er schließlich.

»Alles o. k?« fragte Molcho später irgendwann.

»Ja«, sagte Gottfried und lächelte seinen Freund an, »alles o. k.«

Zusammen mit Molcho sowie Karl und Eli, seinen neuen Freunden, hatte Gottfried die Wohnung bezogen. Im alten Haus am Krähenberg. Es lag am Waldrand, nahe den Kasernen, aus denen man manchmal Pfiffe und Kommandos hörte oder das Schlagen von Türen oder, seltener, das Vor-Sich-Hin-Summen der Patrouille, die den Zaun abzuschreiten hatte und die dann im Sommer und im Gegenzug *sie* hören mußte, wie sie nur wenig entfernt an ihrem Lagerfeuer in der großen Lichtung lagen, die Flaschen klirren und es sich gutgehen ließen.

Es ist tatsächlich alles nicht so schlecht, dachte Gottfried, Molcho hat schon recht. Er nickte. Gottfried schwindelte in der Erinnerung an diese Nächte. Fast spürte er das vom Tau nasse Gras, in dem sie am frühen Morgen noch wach lagen und in den Himmel stierten. Sternschnuppen rasten wie eine Verhöhnung von Raum und Zeit über das nächtliche Firmament. Heupferde kreischten ihre Lustschreie, und aus dem feuchten Dunst der Erde atmete der Duft von Freiheit. Vielleicht nur eine Ahnung von Freiheit, dachte Gottfried, aber immerhin eine Ahnung. Ich werde auf Molcho hören, zwang er sich zu denken. Er hat recht, ich muß mich entspannen.

»Sind eigentlich die anderen da?« fragte er. »Ich glaube, Eli ist da«, antwortete Molcho. »Karl hat Spätschicht. Er kommt aber bald, so gegen halb elf.«

»Laß uns zu Eli rübergehen und ein Bier trinken«, schlug Gottfried vor, und Molcho, der erkannte, daß dies jetzt die zum Einschlagen gereichte Hand war, schlug ein. »In Ordnung, meinetwegen.«

Sie standen auf und gingen zwei Räume weiter. Die Tür zu Elis Zimmer war nur angelehnt, gedämpftes Licht schimmerte durch den geöffneten Spalt. Kurz durchatmend und dann mit einem Fußtritt, einem strahlenden Lächeln und den Worten »Hallo Eli!« stieß Gottfried die Tür auf.

Eli saß mit nacktem Oberkörper auf einer hölzernen Obstkiste an seinem Schreibtisch, dessen schwarzlackierte Spanplatte ebenfalls auf aufeinandergetürmten Obstkisten stand. Er drehte sich ruckartig um. An seinem Hals und quer über seinen Rücken spannten sich Muskeln, und sein ganzer Körper schien elektrisch geflutet, wachsam und flirrend vor Erregung. »Ach, ihr«, sagte er knurrend. In sein Gesicht hatten 35 Lebensjahre tiefe Falten geschnitten, sie gaben ihm das hagere Aussehen eines australischen Aborigines, ein Eindruck, der abgerundet wurde durch die beiden Schlangen-Tätowierungen unterhalb der Schläfen, die wie Koteletten am Kiefer entlang Richtung Kinn verliefen. Sein schon etwas lichtes Haar hatte er im Stil amerikanischer Elitesoldaten millimeterkurz geschnitten.

»Er tut bloß so hart«, sagte Karl über ihn. »Er will, daß ihn die Welt für diszipliniert, hart und konsequent hält, aber, na ja, ihr kennt ihn ja.«

Elis Disziplin zumindest entsprach nach Gottfrieds Beobachtungen in gewisser Weise der Realität, denn Eli war ein Makrobiotiker und äußerst sportlicher Körperkult-Anhänger. Er lebte gesund, frei, offen und – wie er meinte – unheimlich liberal. Er stählte seinen Körper in verschiedenen asiatischen Kampftechniken, und bei einer seiner wöchentlich mehrmals praktizierten Übungen hatte er auch seine derzeitige Freundin kennengelernt. Sie nannte sich Raja – eine Art von Künstler- und Kämpfername, wie Eli stolz erzählt hatte. »Wir haben unglaublichen Sex«, versicherte er seinen Freunden immer wieder, zum Beispiel am Wochenende beim Frühstück, wenn sie schon am Tisch saßen und er gegen zehn Uhr erst zurück- und zur Tür hereinkam, die Pupillen klein wie Stecknadelköpfe und einen hauchdünnen Tränenfilm über dem geröteten Augenweiß. Buchstäblich ausgepumpt saß er dann am Küchentisch und drehte mit letzter Kraft die Kurbel an seiner Schrotmühle. Das frisch gemahlene Korn rührte er anschließend mit entseelter Miene und schweigsam in biodynamisch erzeugten, rechtsdrehenden Joghurt. »Ohne das Zeug würde ich das gar nicht durchstehen«, sagte er einmal. Dabei zwinkerten seine Augen allerdings so frech und selbstironisch, und alle hatten ihn plötzlich gern, trotz seines immer wieder aufflackernden offensiven Glücks, das ihnen oft wie eine Provokation vorkam, ein Angriff auf die brüchigen Antworten, die sie selbst den Fragen des Lebens gaben.

Eli hatte allerdings auch andere Stimmungsphasen. Dann sprach er mit sich selbst oder saß versunken an seinem Schreibtisch und formulierte wirre Geschichten, von denen Gottfried zwar schon die eine oder andere gelesen, aber nicht richtig verstanden hatte. Offenkundig war jetzt so ein Moment, in dem er schreibend an seinen Sätzen drechselte.

»Hast du Lust, mit uns ein Bier zu trinken?«, fragte Molcho rasch, da er sah, daß Gottfried zögerte. »Hm«, brummte Eli. »Eigentlich ...«, setzte er an, stockte, sah die beiden kritisch an, »eigentlich schreibe ich gerade etwas.«

Bitte frag jetzt nicht nach dem, was er gerade schreibt, dachte Molcho und Gottfried fragte: »Was schreibst du denn gerade so?« Er kann es nicht lassen, dachte Molcho, er will es allen recht machen. »Das interessiert euch?« fragte Eli mit dem erwachenden scheuen Interesse einer sich im Sonnenlicht öffnenden Blumenblüte zurück und schloß Molcho vorsichtshalber gleich in die Schar seiner potentiellen Jünger ein.

»Nun ja ...«, sagte der zögernd, merkte aber, daß es schon zu spät war, und fuhr fort, »klar, Eli, wir haben ja Zeit, heute abend.«

»Klasse!« sagte Eli und drehte sich um. »Bier steht im Kühlschrank.«

Er nahm einige Blatt Papier in die Hand, schaute noch einmal auf beide und sah plötzlich wieder ziemlich verwirrt aus. »Wollt Ihr euch das wirklich anhören?« fragte er.

»Aber sicher«, antwortete Gottfried.

Er setzte sich zu Gottfried auf die Matratze. »Ich habe auch genau das Richtige für euch. Ich habe nämlich euer Gespräch gerade mitbekommen, man hört ja alles.«

»Soso«, sagte Molcho bloß und nickte.

Aber Eli ließ sich nicht beirren. »Ich kenne das auch. Scheißgefühl. Und da fiel mir ein, daß ich darüber schon was geschrieben habe, so in die Richtung jedenfalls. Ist das o. k.?«

Molcho ließ ein zögerndes, brummiges »Klar!« ertönen und machte damit verbindlich deutlich, daß ihm gerade auch nichts Besseres einfiel.

Eli nickte. »Also, hört zu, wird euch gefallen«, sagte er jetzt und begann.

Ein Mann.
An schartigen, verrosteten Gittern eines Affenkäfigs.
Das Gitter schlitzt.
Pergamentenes Gewebe reißt ein, unaufhaltsam.
Angelockt die Affen, sie kommen langsam.
Mäuler sich wölben lüstern.
Der Mensch, zwanghaft die Hände in die Maschen
des Käfigs verkrallt.
Starrt die Affen an.
Die Affen beschauen den Menschen.
Seine Haut, sie reißt weiter.
Endgültig und immer weiter.
Zerrissen, zerstört.
Immer mehr Affen kommen.

Eli wollte gerade Luft für den nächsten Satz holen, da blickte er erschrocken auf die zwei Gestalten, die in diesem Moment unvermittelt ins Zimmer getreten waren.

»Was ist denn das hier?« fragte eine weibliche Stimme – wie aufblinkendes Neonlicht flackerten die Worte kurz, kalt und unbarmherzig durch den halbdunklen Raum –, und Molcho kniff die Augen zu, um sich aus der soeben gehörten Geschichte zu lösen. »... Eine Dichterlesung für Debile, oder was? Na, Karl?«

Karl verzog wie unter Schmerzen das Gesicht, brachte unter Anstrengung ein Grinsen zustande und sagte dann: »Das ist Jutta. Arbeitet bei mir in der Fabrik. Ich dachte, wir trinken noch ein Bier zusammen, heute abend.«

Gottfried sagte gar nichts und blickte definitiv desinteressiert auf die junge Frau. Eli schien in eine Art Spontan-Meditation entflohen, er wiegte den Oberkörper wie ein Rabbi beim Totengebet.

»Laßt euch nicht stören«, reagierte Jutta auf dieses Panoptikum der Unlust.

Das hatte offenkundig auch niemand vor. Im Dämmerlicht des kleinen Zimmers waren Karl und Jutta nur als Schattenrisse zu erkennen. Zitternd warf die fast schon abgebrannte Kerze auf der Weinflasche die Scherenschnitte der beiden Ankömmlinge an die Wand, die große, kräftige Gestalt von Karl und jene seiner Begleiterin, einer keineswegs großgewachsenen, aber kräftig wirkenden jungen Frau, deren Körperlinien sich unter einem blauen Malocher-Overall verbargen.

»Macht ruhig weiter«, sagte sie. »Wir können ja auch noch ein bißchen zuhören, was meinst du, Karl? Wenn du das Bier holst?«

Karl stapfte kopfschüttelnd davon, und Eli war unvermittelt wieder ganz da. »Also«, sagte er, »ich lese weiter.«

Der leidende Mensch.
Festgekrallt am stinkenden Affenkäfig.
Er bemerkt nicht Aufruhr.
Sie holen einen Pfarrer.

Jutta lachte plötzlich laut los, nahm dann aber theatralisch-verschämt eine Hand vor den zuckenden Mund.

Er redet minutenlang.
Unsinniges Zeug.

Gottfried blickte Jutta an. Sie ist eine jener Frauen, bei denen es egal ist, was für Kleidung sie tragen, dachte er. Der Stoff ihres Baumwollanzugs war an manchen Stellen ölverschmiert. Die Haare trug sie kurzgeschoren, vielleicht sah man auch nicht alles unter ihrer komischen Kappe, hinten jedenfalls ragten blonde Fransen heraus, ein, zwei Strähnen waren schüchtern blau gefärbt. Sie bemerkte Gottfrieds Blick und schaute ihn an. Plötzlich lächelte sie, und Gottfried erschrak. Vermutlich war es das Prinzipielle dieses Lächelns, das ihn durchfuhr. Ein Lächeln von Freundschaft und Wärme, von Interesse und erschreckender, grundsätzlicher Nähe. Zum Glück gab es Eli, der nichts um sich herum bemerkte und konzentriert seine Geschichten vorlas.

Nur die Kinder bleiben.
Nicht mehr die Schaulustigen.
Nur die Kinder.
Sie starren stumm.
Begreifen nicht.
Dann geht es los.
Ein Junge.
Nimmt einem Mädchen die Mütze weg.
Der Haufen tobt.

Der Mann am Gitter dreht sich um.
Langsam.
Er geht auf ein Mädchen zu.
Beginnt es zu würgen.
Es lacht erst blöde.
Dann ist es tot.

Gottfried mußte unvermittelt schlucken. Elis Worte durchzuckten ihn wie undeutliche Blitze abendlichen Wetterleuchtens, sie funkelten wie dunkelrote Erinnerungsfetzen, Bruchstücke einer Realität, die er gar nicht kennen konnte. Warum kommt immer alles auf einmal, dachte er und warf sich selbst seine Gedanken vor. Erst das Unzufriedensein, die beißende Erinnerung an das Dorf. Und dann auch noch diese kleinen, gehaßten Gedanken.

Er wollte sie verdrängen, diese Identifizierung des verschwommenen Bildes eines kleinen toten Kindes, dieses Bild seiner Schwester, angekoppelt an ihn über Worte und die Photographien im Schuhkarton auf dem Schrank seines Vaters. Und dann drängte sich auch noch das Wort »Mutter« in seinen Kopf, und Gottfried versuchte, sich so zu konzentrieren, daß die Gedanken zu weichen begannen, aber es gelang ihm nicht. Was hat sie mit dieser Geschichte zu tun?, fragte er sich, still, kopfschüttelnd. Nichts. Er wiederholte es halblaut für sich selbst: »Nichts!«

Es war doch alles schon so lange vorbei. Die Geschichte von Sarah hatte nichts mit dieser Geschichte von Eli zu tun. Sarah war am Fieber gestorben. Es war ein Unglück, ein tragischer Unglücksfall, etwas, das immer wieder vorkam, das immer wieder passierte, das man nie ganz würde verhindern können. Und was hatte er mit dem Tod zu tun? Er, gesund und gerade zwanzig geworden? Nichts! Nichts!! Aber warum schrieb Eli so etwas? Warum mußte sich immer alles um den Tod drehen?

Ich bin zwanzig, da denkt man nicht an den Tod!, versuchte Gottfried zu denken. Warum wohnte dieser Mensch, der so etwas dachte und dann noch niederschrieb, gerade mit ihm unter einem Dach? Suchte er, Gottfried, sich solche Freunde? Gottfried schüttelte langsam den Kopf, eine Geste, die sowohl Eli wie auch Jutta mit der dauersensiblen Rundumkontrolle von Bewegungsmeldern genau registrierten.

Unvermittelt fror er. Wächsern fühlten sich seine Hände plötzlich an. Gottfried dachte an die vergilbten Bilder von Sarah im Zimmer seines Vaters, was *der* wohl machte, wie es ihm wohl erging? Das erinnerte Gefühl fraß sich bitter in Gottfrieds Magen, und neidisch schaute er auf die Biere in den Händen von Karl und Jutta, dieses Symbol der scheinbaren Rettung vor diesem treibsandigen, bodenlosen Gefühl. Noch einmal würgte es in ihm, und er mußte sich schütteln, um die weiteren Worte von Eli zu verstehen.

Die Kinder,

las Eli weiter.

Sie denken nicht.
Der Mann grinst.
Gesichtshaut fetzt.
Letzter Rest.
Neues Fleisch blüht, dünne Haut, rosarot pulsierend.
Nun ist genug.
Ein Polizist kommt.
Er nimmt seine Pistole.
Lädt durch. Zielt. Feuert.
In den Kopf.

Später kommt der Affenwärter.
Murrig.
Füttert die Affen, wäscht seine Hände,

steigt ins Auto und fährt heim.
Angekommen ist es ihm danach.
Vergewaltigt seine Frau, mehr oder minder.
Sie glotzt blöde.
Und verzweifelt.
Ein bißchen.
Wünscht sich zurück in die Tage.
Als kleine Jungs ihr die Mütze vom Kopf stibitzten.

Zunächst war Schweigen. Molcho knisterte wieder mit seinem billigen Tabak, so als wäre das eine Antwort auf jede schwierige Situation. Karl schluckte, und die Flüssigkeit gluckerte durch seinen Hals, ein Geräusch, das Gottfried schon manchmal genervt hatte. Komisch, dachte er, was für Kleinigkeiten einen an Menschen stören können.

»Phhhhfff«, ließ sich schließlich Jutta vernehmen, nur um dann erst einmal wieder nichts zu sagen.

Eli kratzte sich am Kopf, schien zu überlegen und sagte schließlich zögernd: »Wir haben uns halt gerade über die Sinnlosigkeit unseres Lebens unterhalten«, erklärte er, und ohne daß er es wollte, mischte sich das scheue Rosarot des Sich-Entschuldigens in die Farbe seiner Gesichtshaut. Molcho beugte sich nach vorn und wechselte die Kassette im Rekorder.

»Wehleidiges Gewäsch«, murmelte Jutta, sehr leise, es war kaum zu hören.

»Mmmh? Was?« fragte Karl, der neben ihr stand.

»Ach nichts«, erwiderte Jutta, »vergiß es, war nicht wichtig. Was machen wir jetzt?«

»Wir könnten noch ein wenig weggehen, oder?«

Gottfried schaute sie an. Jutta funkelte einen provokanten Blick zurück.

»Mishima sagt: Nur was der Tod berührt hat, ist voller Licht und Farben«, warf Eli ein.

»Wer ist Mishima?«, fragte Molcho und stutzte dann, weil er Gottfried sah, dessen Kopf rot anlief.

»Ein japanischer ...«, wollte Eli gerade antworten, als Gottfried ihn mit beiden Armen am ausgeleierten Baumwollhemd packte und ihn so laut anschrie, daß die anderen vor Schreck erstarrten: »Was!« brüllte Gottfried, »was weißt denn *du* vom Tod??«

»Der Tod ist ein ewiger Schlaf«, warf nach einigen Sekunden Jutta ein, und alle starrten sie an, als hätte sie etwas unbeschreiblich Unanständiges gesagt. Sie aber blieb nahezu ungerührt, nur ihre Augen zuckten etwas zu rasch vom einen zum anderen. »Das haben sie während der Französischen Revolution als schmiedeeiserne Inschrift über die Eingangstore der Friedhöfe gehängt«, fuhr sie fort, »weil sie die Religion bekämpfen und abschaffen wollten, und weil sie genau wußten, wo sie damit anfangen müssen, bei der Angst nämlich, der Angst ...«

»Du!!« fauchte Gottfried sie an, ging auf sie zu, stockte dann und wollte weitersprechen, nun aber fiel ihm vor quellender Empörung nichts ein. »Was geht dich das alles an?« blaffte er schließlich und verließ den Raum.

Karl fragte: »Was ist los, was ist mit euch los? Habt ihr Ärger? Wollt ihr Ärger? Wer macht hier Ärger?«

Als keiner antwortete, atmete Karl tief durch, schüttelte den Kopf und folgte Gottfried in dessen Zimmer. Im Türrahmen blieb er stehen. »Was ist los? Junge!? In Ordnung, ich verstehe schon. Ist klar. Es war eine Scheißgeschichte, o. k., ich habe nie Lust gehabt, ihr zuzuhören. Ich dachte, ich sehe nicht richtig, vorhin, als ich heimkam. Ich komme von der Maloche, komme zur Tür rein und will noch etwas unternehmen, ich habe diese Klassefrau mitgebracht, weil ich sie euch vorstellen wollte, meinen Freunden, meinen guten

Freunden, und was macht ihr? Sitzt da und laßt euch vom durchgeknallten Eli Gedichte vorlesen, sah aus wie eine Betstunde, der Herr und seine Jünger, Mensch, Gottfried, so kenne ich dich gar nicht. Was soll das? Und Molcho? Liegt nur da, sagt nichts. Nee …« Karl mußte Luft holen. Er blickte Gottfried an. »Willst du wirklich den Rest des Abends jetzt nur hier rumliegen?«

Gottfried schloß die Augen. »Du hast ja recht«, sagte er und ballte die Fäuste.

»Durch Handeln die Zweifel zunichte machen«, flüsterte Karl Gottfried zu, als sie aus der Haustür traten, alle noch etwas benommen, aber unübersehbar entschlossen, den Abend in besserer Stimmung zu beenden. »Spielothek« hatte Karl vorgeschlagen, und es gab keine Widerrede. Dort bestellten sie Bier und schoben Münzen in die Automaten. Eine Stunde lang spielten sie einzeln, voneinander abgeschottet wie durch unsichtbare Wände, nur selten sprachen sie, am meisten Karl und Jutta, die als einzige gemeinsam an einem Flipper standen. Irgendwann setzten sie sich an einen Tisch, von dem aus das Treiben und Wirbeln jener zwei Maschinen zu beobachten war, die sie zu diesem Zeitpunkt noch laufen hatten. An den Wänden flackerte und ratterte es, gelbe Sonnen, irrwitzige kleine Teufel, Ananas, Orangen, Trauben, Fruchtsymbole aller Art rotierten in ihren Augen wie ein Film, den der Vorführer mit dreifacher Geschwindigkeit laufen ließ. An der Ecke des Tischs saß Karl, so nahe »seinem« Spielautomaten, daß er ihn bequem im Sitzen bedienen konnte. Ab und zu schlug er mit den Handrücken nachlässig auf eine der leuchtenden Tasten des rasenden Apparates oder widmete sich kurzzeitig dem rhythmisierten Blinken der Sonderspieltaste.

Und irgendwann geschah es dann. Das, was sonst nur den Spielsüchtigen widerfährt, jenen grottenhaften Wesen mit dunklen Ringen unter den Augen, die Stunde um Stunde vor ihren Automaten stehen, immer ein halbleeres Glas Bier neben sich. In einer bösen Laune der Wahrscheinlichkeitsrechnung, in einer mathematischen Verschwörung gegen diese Abhängigen, gegen den Kneipenbesitzer und gegen den Automatenaufsteller war es passiert. Karls Gerät drehte im Wortsinn durch. Erst begann es zu stocken, blinkte mit allen Lichtern gleichzeitig und spuckte dann unvermittelt und mit würgendem Husten einen Schwall von Münzen aus. Karl starrte Gottfried an, Gottfried Molcho, Molcho fixierte Jutta, die mit ebenso offenem Mund wie Eli auf den Automaten blickte. Molcho fing sich als erster und rief: »Noch fünf Bier!« Dann standen sie auf und beobachteten, wie der Automat rund zweihundert Mark in Silbermünzen ausspuckte, Münzen, die aus der Auffangschale hüpften und zu Boden purzelten, wo sie tanzten, sprangen und zuckten.

Eine Stunde später stand Gottfried wie betäubt und starrte mit ungläubigem Grinsen um das Toben um sich herum. Der Schalldruck der Live-Musik raste auf ihn zu wie ein D-Zug. Er füllte alle Hirnzellen aus, er kleisterte ein, er verschmierte gipsartig alle Bahnen und Nervenleitungen, stockte dort zu saurem, wabbernden Quark, feuerte Reflexe schockierender Sinnenwahrnehmung in Zeitlupe zum Großhirn. Aus dem halbabgedunkelten Raum der Kellerkneipe quoll wehender, schweißgetränkter, von Arbeit und Unheil kündender Dampf. Zigaretten glühten in Schattenwänden, warfen Leuchtzeichen in die Luft, ließen Gesichter wie eine Supernova aufglühen, kaputte Gesichter, schwarz und weiß gesprenkelt, ungesund, verlebt, ohne Blut in den Wangen. Gesichter, deren Träger in zerrupften Jeans und farbklecksbeschmierten Lederjacken steckten. Und über all jenem, über dieser ganzen Szene, stand ein Wall von Lärm, stand dort wie das Brüllen des Infernos.

Die Musik explodierte in Gottfried, ganz langsam, es waren blubbernde Euphoriebomben, sie platzten auf wie mit Gelee gefüllte Luftballons. Und unter den öligen Flüssigkeitsschichten seiner Wahrnehmung wandelten sich die hereinprasselnden musikalischen Daten um in die Chemie der Gefühle, sprudelten die Glückshormone im Blut, brandeten an die Lustzentren seines Hirns. Hier mußten die Orgasmen entstehen, dachte Gottfried, dort mußte der Gott des Rausches wohnen, hier war das Zentrum des Lebens, hier war Sinn und Zweck von allem, hier war Geburt und Tod, hier war Herz und Seele. Und alles flirrte in diesem Gewitter der Nervenimpulse. Gottfried spürte den Rhythmus, der ihm in den Bauch trat und die Eier massierte. Ein Rhythmus, wie ihn der Urmensch beim Schlagen auf primitive Trommeln, beim Tanz ums Feuer gespürt haben mochte. Alles erbebte in diesem Schalldruck, der die einander pausenlos ablösenden Akkordwellen der verstärkten Gitarren an sein Bewußtsein schlagen und sich dort brechen ließ.

»Geil!« schrie ihm Karl ins Ohr. An der Kasse oben am Ende der Treppe hatte er seine Freunde eingeladen und war jetzt maximal gut gelaunt.

Gottfried nickte abwesend. Dann fiel ihm etwas ein, und er fragte: »Woher kennst du eigentlich diese Jutta?«

»Arbeitet mit mir!« schrie Karl euphorisch zurück. »Ist – glaube ich – Künstlerin, Bildhauerin oder so ähnlich, muß sich das Geld aber in der Fabrik verdienen.«

»Und sie gefällt dir?«

»Na klar. Aber sie interessiert sich, glaube ich, nicht für mich. Ist aber auch in Ordnung. Mir gefällt sie trotzdem. Mal was anderes. Bei ihr muß immer alles ein wenig schwierig und kompliziert sein, immer irgendwie besonders oder anstrengend oder abgefahren. Du mußt irgendwie komisch draufsein, das gefällt ihr. Da bin ich nicht der richtige Typ.«

»Und warum ist sie dann heute mitgekommen?«

»Keine Ahnung. Leben und Vergnügen der arbeitenden Klasse kennenlernen, oder so. Was weiß ich?«

»Wo ist denn Molcho?« fragte Gottfried dazwischen, um einmal das Thema zu wechseln, immer noch schreiend.

Im Grunde war es dasselbe Thema, denn Karl zwinkerte mit den Augen, schüttelte kurz den Kopf und deutete Richtung Bühne. »Da, schau doch. Molcho und Jutta. Toben da vorn. Duo Infernal. *Das* gefällt ihr, da kannst du sicher sein!« Seine Schultern zuckten. Gottfried sah zunächst nichts, dann aber entdeckte auch er die beiden. Sie standen direkt an der kleinen Bühne und hatten sich gegen einen der Lautsprecher gestützt, trotzten dem ihnen entgegenflutenden Wummern und Pfeifen. Auf der Bühne standen, in Wolken von Qualm und Dampf gehüllt, vier – wie es schien – völlig in sich versunkene Musiker, standen in ihrem Lärm, ihren Ton- und Schlagfolgen, scheinbar ungerührt. Die Aggressivität der Musik faßte ein rasender, hämmernder Rhythmus in ein einfaches Taktmuster.

Der Musiker, der auch sang, hatte seine Gitarre etwa auf Kniehöhe hängen, seine dürren Arme schwangen wie Dreschflegel auf die Saiten herab. Mindestens eine von ihnen war gerissen, hing federnd herab und zuckte unberechenbar, angesteckt vom Irrsinn des musikalischen Aufruhrs. Ohne die Komplexität des künstlerischen Ereignisses im geringsten zu mindern, hing sie dort wie der Fingerzeig eines unter dem Willen der Wut sich fügenden Schicksals. Der Bassist stand mit dem Rücken zur Menge, er blickte konzentriert auf die Regler an seinem Verstärker, auf dem zwei Reihen leergetrunkener Bierflaschen hilflos seinen Rhythmus mitklirrten. Sollte irgend jemand Zweifel daran gehabt haben, daß er den

Inhalt dieser Flaschen getrunken hatte, dann brauchte man den Mann am Ende eines Stückes nur anzuschauen, den einzigen Zeitpunkten, zu denen er sich dem Publikum zuwandte. Seine Augen waren rot wie kandierte Kirschen, sie leuchteten würfelblitzlichtgeschockt und dämonisch wie auf einem Polaroidphoto der siebziger Jahre. Tränenfilmgetrübt blickte der Bassist kurz ins Publikum, keine zwanzig Sekunden, dann drehte er sich wieder um, öffnete eine weitere Flasche Bier, so als reiche ihm das soeben Gesehene schon wieder. Der zweite Gitarrist hatte seine Augen beim Spielen geradezu aufgerissen, sie blickten auf sein ramponiertes, zerkratztes und plastikverklebtes Spielgerät, es zuckte rebellierend unter seinen Händen, sprang wie selbständig gegen die Bewegungen seines Körpers, alles schien schief zu liegen, die Gitarre, die Töne, der Rhythmus, der ganze Mann; seine schnittlauchfransigen Haare schwirrten um seinen Kopf und tanzten wie Rumpelstilzchen um das Feuer in seinen Augen. Auch der Schlagzeuger schien die Kontrolle über seine Gliedmaßen verloren zu haben. Der Mann saß mit nacktem Oberkörper hinter seinen Trommeln, den Kopf gesenkt, von der Stirn, der Brust, von den Schultern troff der Schweiß, seine feuchten Arme stiegen wie glänzende Schlangenkörper auf, wirbelten blechschmetternd über seinem Kopf und tackerten dann wieder herab, in unermüdlichem Hämmern, voranprügelnd.

»Das ist es«, murmelte Gottfried, »das ist es.«

Er stand in einer Ecke und konnte den Blick nicht abwenden von den springenden, hüpfenden, schreienden, tobenden Musikern. Ich muß morgen darüber nachdenken, befahl er sich. Aber da löste sich dieser Gedanke schon wieder auf, wurde durchsichtig wie zerblasener Rauch, in diesem Lärm, der ihn umfing und gefangenhielt wie fest werdende Gelatine.

»Ich muß los, ich muß ins Bett, Scheißfrühschicht«, schrie ihm Karl plötzlich ins Ohr, und nachdem sein Gehirn die schallerschütterten Lautfetzen zu Worten zusammengefügt hatte, nickte Gottfried. Karl blickte ihn mit einem Kräuseln der Augenbrauen an, das sich bei ihm zeigte, wenn er beunruhigt und nervös war. Um vier Uhr dreißig klingelte bei ihm der Wecker, und als das auch Gottfried einfiel, gingen sie die anderen suchen.

Sie kämpften sich zur Bühne durch und faßten den naßgeschwitzten Molcho unter den Armen. Er war völlig erschöpft, aber seine Augen leuchteten. »Das wär's, das wär's ...«, sagte er mit glücksverhülltem Blick zu seinen Freunden, als sie dampfend auf der Straße standen. Jutta, der unvermittelt wiederaufgetauchte Eli und Karl lachten. Nur Gottfried legte seinen Arm um die Schulter seines Freundes, blickte ihn kurz an und nickte.

Dann schwankten sie nach Hause, fünf torkelnde Abziehbildchen jugendlicher Helden, frech und verwegen dreinblickende Figuren, die sich frei und tapsig bewegten, und sie empfanden jetzt im heißen Schein dieses erfolgreichen Abends eine Zusammengehörigkeit, die sie noch nicht erlebt hatten. Auf dem Kopfsteinpflaster der engen Gassen klapperten die hartgewordenen Kreppsohlen ihrer Schuhe den Rhythmus zum Rausch der Überlegenheit. Mit jedem Schritt bröckelte in ihrem Rücken die Wand aus Lärm langsam ab, aber nur Stück für Stück fraß sich die nächtliche Ruhe mit hohem Pfeifen in die wiedergeöffneten akustischen Nischen.

2

»Man könnte meinen, sie atmen«, sagte Molcho drei Tage später und deutete auf die gerade geöffneten Bierflaschen in ihren Händen, über deren kalkverkrusteten Hälsen ein Wölkchen Dampf entschwebte.

Sie standen im Halbkreis, tief unten im zweiten Kellergeschoß des Hauses. Es war es kalt und feucht, und die Worte hallten.

»Pffft«, antwortete Karl müde. »Mensch Jungs«, beschwor er sie, »wir müssen jetzt mal zu einer Entscheidung kommen, nicht nur die ewigen Sprüche.« Ihm war nicht nach kleinen Witzen. Er hatte achteinhalb Stunden Frühschicht in den Knochen und sehnte sich nach seinem Bett.

»Wenn das alles nicht nur eine verrückte Idee sein soll, dann laßt uns jetzt mal Nägel mit Köpfen machen.«

»Jutta hat mich angerufen«, sagte Gottfried unvermittelt.

»Ja, und«, antwortete Karl gereizt, »was will sie?«

»Wollte sich nach unserem Zustand erkundigen.« »Und dazu ruft sie dich an?« murrte Karl, sagte dann aber nichts weiter, obwohl alle ihn anblickten und etwas zu erwarten schienen. »Hätte eher an Molcho gedacht«, fuhr er dann doch fort und lächelte müde. Molcho blickte kurz auf, versuchte zu lächeln, aber als er Karls Augen sah, blickte er gleich wieder weg.

Auch Gottfried sah die Blicke und schwieg nun. Besser, er erwähnte nicht, daß Jutta ihn gefragt hatte, ob er nicht einmal Lust hätte, sie in ihrem Atelier zu besuchen. Irgend etwas hatte ihn innerlich gestochen, als sie ihn einlud. Es war ein Stechen, das wehtat und gleichzeitig lockte. Er hatte doch kaum mit ihr gesprochen, und wenn, dann gestritten. Außerdem, Karl hatte sie mitgebracht. Er würde sauer sein. Andererseits war es das erste Mal, daß sich offenkundig eine junge Frau für ihn interessierte. Gottfried wußte nicht, wie er reagieren sollte, aber dann fielen ihm Juttas Blicke ein. Allein schon die Erinnerung an ihre Intensität schreckte ihn ab. So hatte er irgendwelche Gründe vorgeschoben und war noch gar nicht fertig mit den falschen Begründungen, da hatte sie schon aufgelegt. Aber auch das behielt er besser für sich.

»Ich weiß nicht, ob ich das erlauben kann«, schaltete sich in diese Gedanken der Hausmeister ein, der die Diskussion für sich selbst entgleiten sah und der vorhin das Angebot einer Flasche Bier mit übereifrigem Nicken angenommen hatte. »Ob das die Hausverwaltung genehmigt?« brachte er das Gespräch auf den Boden zurück. »Oder ob wir es erst einmal versuchen und dann schauen, wie laut ihr seid? Und die Sache vorläufig für uns behalten?«

Er hatte Falten auf seiner Stirn und blickte mit dem tiefsitzenden Mißtrauen des für dieses Problem Zuständigen auf die groben, unverputzten Wände, sieben Meter unter der Oberfläche.

»Ich finde es ja toll«, sagte er, »wenn ihr hier Musik machen wollt. Ich habe früher auch Musik gemacht. Blasmusik, klar, ist etwas ganz anderes, aber Musik, das ist schon eine feine Sache, man hat Freunde, und man ist von der Straße runter, das ist ja auch wichtig, ihr seid ja noch so junge Menschen, und man liest ja so viel in der Zeitung, also ich finde das phantastisch, also einfach toll, und ab und zu kann ich euch ja dann besuchen, ein bißchen nach dem Rechten sehen, wir trinken ein Bierchen, na, was glaubt ihr?« Eine seltsame Sympathie verband ihn mit diesen vier jungen Männern, ein Nachhall eigener Jugend, vielleicht auch der Wunsch, nahezu risikolos teilzuhaben an etwas Geheimem, Dunklem, im Keller Verstecktem.

»Wir sind noch gar nicht soweit«, sagte Gottfried und blickte den Mann ernsthaft an. »Wir müssen uns die Instrumente erst noch besorgen.«

»Außerdem muß Strom verlegt werden«, fiel Eli ein, »einen Heizlüfter brauchen wir auch, das kann alles noch dauern.«

»Quatsch«, schrie Molcho aggressiv und gleichzeitig mit einem verzerrten Grinsen und unterbrach mit wilder Gebärde den Hausmeister, der gerade etwas sagen wollte, »wir packen die Sache sofort und konsequent an, nächste Woche stehen wir schon hier drin und machen Punkrock!«

»Jawoll!« brüllte jetzt auch Karl. Mit dem rechten Fuß stampfte er auf und hatte die rechte Faust geballt.

Gottfried blickte ihn mißtrauisch an und fragte sich, wieviel Wut in dieser Faust Jutta oder ihm galt, dann aber hob er seine Flasche zum Anstoßen in die Mitte ihres Kreises. Eli ließ die Flaschen als erster klirren und nickte dabei sanft zu einem nur ihm bekannten Rhythmus mit dem Kopf. Begeistert stießen jetzt alle an, auch der Hausmeister machte mit. Offenkundig aber, weil ihm die Sache nicht ganz geheuer war, ignorierte er ihre entschlossen-feierliche Stimmung, nahm Gottfried am Arm und begann, mit ihm die technischen Einzelheiten der Kellernutzung zu besprechen. Das war sein Metier. Da kannte er sich aus. Aber das war in Ordnung.

»Die Sache ist also beschlossen?« fragte Karl, als sie die Treppen zur Wohnung hochstiegen. »Alle Einzelheiten heute abend? Dann kann ich ja schlafen gehen!«

»Ich hätte nicht gedacht, daß meine Musikerkarriere, oder eure ...«, er blickte Eli und Gottfried an, »... eure musikalische Rebellion mit dem Schraubendreher in der Hand beginnen würde«, sagte Molcho und blickte sich grinsend um. »Jaja, da lernt man schnell dazu, ist alles nicht so hurramäßig, wie man sich das immer vorstellt.«

Er saß auf dem alten Teppich, den sie auf dem feuchten Kellerboden entrollt hatten. Mehr als fünf Wochen waren vergangen. Zunächst hatten sie sich gleich am nächsten Tag nach ihrem Beschluß mit den Resten aus ihren Sparbüchern die Instrumente gekauft. Bei der ersten »trockenen« Probe in der gemeinsamen Küche gab Eli verschüchtert zu, daß er als Kind vier Jahre Gitarrenunterricht bekommen hatte, und obwohl das den allgemein akzeptierten Mythos von den musikalischen Pionieren schwer ankratzte, hatte »Auferstanden aus Ruinen«, wie Eli verschmitzt ausführte, doch auch etwas. Eli war es, der Gottfried die ersten mühsamen Griffe auf dem Baß zeigte, während Karl mit zwei Stöcken die Tischkante traktierte.

Molcho krakelte mit einem Bleistift Textphrasen auf ein Blatt Papier, um seiner Verantwortung als künftiger Sänger nachzukommen.

Als Eli ihm über die Schulter blickte, schüttelte er nur den Kopf und sagte: »Nee, Junge, so wird das nichts. Warte!«

Und er holte aus seinem Zimmer einige Textblätter, Gedichte oder Skizzen, und Molcho begann dankbar, die Textvorlagen für seine Zwecke umzuschreiben, anzupassen, Reime zu finden. »Läßt sich leichter auswendig lernen«, sagte er auf den Vorwurf, Reime seien reaktionär, und damit war die Sache erledigt.

Nach drei Wochen kauften sie die Bausätze für Verstärker und Boxen. Und seit zehn Tagen in Folge saßen sie Abend für Abend im Keller und setzten die verwirrend vielen Teile zusammen, eine Tätigkeit, die vor allem Molcho zu dauerndem Spott veranlaßte. »Aber irgend etwas muß geschehen, etwas muß geschehen«, sang er gerade und mit den ausgebreiteten Armen eines Predigers.

Die einzige, die reagierte, war Jutta, die in den vergangenen Wochen zum festen Gast im Haus geworden war. Sie nahm Molchos Lächeln auf und vervielfältigte es durch ein feines Schmunzeln. »Immerhin habt ihr es geschafft, in einer Woche mehr Geld auszugeben, als ich in drei Monaten verdiene. Es muß also nicht bloß irgend etwas geschehen, sondern ihr solltet auch irgendwie wieder Geld verdienen und nicht nur den ganzen Tag an Musik denken, sonst …«, sagte sie und spielte damit ihre zunächst nur im Spaß übernommene Rolle der Mahnerin weiter.

Gottfried, Karl und Eli übergingen den Hinweis, Molcho aber grinste. Laß sie reden, dachte Gottfried, sie gehört neuerdings zu uns, und das ist in Ordnung, du kennst ihren Humor. Das alles, diese neue Zusammengehörigkeit, diese ein Ziel verfolgende Freundschaft – das war mehr, als sie alle fassen konnten, fassen wollten, fand er. Und das Wichtigste: Das war endlich *etwas*.

Gottfried blickte auf seine Freunde. Eli zog mit konzentrierter Miene Saiten auf seine Gitarre. Karl spannte im Sitzen die Felle seines Schlagzeugs und stand immer wieder auf, ging um sein Instrument herum und musterte es mit selbstgefälligem Nicken. »Immerhin«, brummte er selbstversunken, »wir haben die Bastelei fast hinter uns, wir haben es geschafft, und heute geht es zum ersten Mal richtig los.«

Molcho blickte Jutta an und verdrehte die Augen nach oben, und als die Pupillen wieder herunterglitten, lächelten sie einander an.

Gottfried nickte zufrieden. Das war es. Das war etwas für die Träume und gegen das nicht enden wollende Suchen, den ewigen Horror, den Eli in seine Geschichten packte. Sie mußten etwas tun, und sie taten es. Etwas gegen die Welt, aber mittendrin, immer geradeaus, und doch woanders hin. Sie waren entschlossen. Sie waren bereit. Sie machten jetzt *ihre* Musik. Sie würden es allen zeigen, haha.

Gottfried lachte laut, und es klang so schrill, daß alle aufblickten und Jutta mißbilligend den Kopf schüttelte.

Was geht sie das an? dachte Gottfried. In gewisser Weise hat sie sich eingeschlichen, ist jetzt dauernd da, hat vor allem Molcho rumgekriegt, Molcho, der ganz begeistert ist von ihr.

Was, verdammt, will sie wohl von uns, was erwartet sie, was hat sie von allem?

An die zynischen Bemerkungen von Molcho hatte Gottfried sich gewöhnt, das reichte, er brauchte nicht noch jemand anderen, der ihm in jeder nur denkbaren Situation in die Magengrube schlug. Nein, das mußte nicht sein. Jutta, diese selbstbewußte Frau, die einem in die Augen blicken konnte, bis man nur noch Testbild sah. Eine Frau, die sich als einzige traute, unter lauter Männern in der Fabrik zu arbeiten. Die nach der Arbeit noch in ihr Atelier floh, um dort aus Tonklumpen tropfenförmige Figuren zu modellieren, Nachbildungen menschlicher Körper, die aussahen wie Kegel oder wie zu Symbolen geronnene Tränen. Das alles hatte sie ihnen erzählt, in ihrer munteren Art, ihrer Herzlichkeit, die – wie Gottfried meinte – vor allem ihn an die Wand gespielt hatte, diese Offenheit, die einem keine Zeit zum Reagieren, zum Nachdenken, zum Planen ließ, ein beunruhigender Zustand. Beunruhigend war auch jene geradezu strahlende Zärtlichkeit, die von dieser Frau und ihrer Intensität ausging, eine Zärtlichkeit, die besonders dann ihre Spinnweben zwischen Molcho und Jutta wob, wenn sie beide mit bitterem Witz die Welt kommentierten.

Gottfried war jetzt mit dem Stimmen seines Basses fertig. Er setzte sich in eine Ecke und beobachtete seine Freunde. Ja, diese Jutta, dachte er. In ihm quollen Erinnerungen, ein schaler Geschmack lag ihm auf der Zunge und verging.

Gottfried war kaum zwei Wochen aus dem ehemaligen Elternhaus ausgezogen, als er zum ersten Mal einem Mädchen seine feuchte Zunge in den Mund quetschte, dort lutschte, schleckte, sog, sabberte, schluckte, Speichel verschlang, sich wie ein Reptil in bisher unbekannten Höhlen zurechtfand. Es war ein Gefühl wie im Mutterbauch, dachte er damals, oder zumindest so, wie er es sich in der Ursuppe vorstellte: das Einssein aller Wesen, warm, weich, elementengeschwängert. Unter geschlossenen Lidern rollte er mit den Augen, ruderte unbeholfen mit den Armen, berührte, streichelte, wußte nicht so recht, was tun mit seinen Händen, seinen Fingern. Das Mädchen hieß Paula, sie strich ihm durch die Haare, ihr dünnes Parfum umwogte ihn in der Art, wie Schwalben um die holzgetäfelten Dächer dampfender Scheunen jagen.

Gottfried war in diesem Moment nicht nüchtern gewesen, es war der Anfang vom Ende seiner Zeit an der Schule. Genaugenommen hatte er zwei Preludin-Tabletten geschluckt, die ihm Molcho besorgt hatte. Dazu trank er in aller Eile ein Bier, stürzte es wie alle anderen innerhalb einer Minute durch die Kehle in den Magen. Die wütende Reaktion einer provozierten Chemie ließ ihm die Haarspitzen steif werden, sie fühlten sich an wie die Stacheln eines Igels, die von seinem Kopf wegsprossen und seinen Zustand aller Welt verrieten, und genau das war es, was er wollte.

Gottfried stand mit allerlei abgerissenen Kameraden verschiedener Klassen vor dem Konsummarkt an der Ecke, zu seinen Füßen kullerten die Kronenkorken. Es war der subversive Treffpunkt der Schule, und hier hatte Gottfried Paula kennengelernt. Hier rauchten sie, hier schluckten sie ihre Tabletten, hier stürzten sie in der Fünfminutenpause ihre Biere und spritzten anschließend aus gelben Plastikfläschchen konzentrierten Zitronensaft hinterher, um den Geschmack im Mund zu tilgen.

An den lümmelnden Schülern vorbei hasteten die anderen Kunden des Geschäfts, schlichte, einfache, eilige Menschen, alte Männer und Frauen in dicken, breitkarierten Mänteln, kopfschüttelnd, ihre Mißbilligung wie eine Krankheit verströmend. In ihrer spürbaren Verachtung, im Rattern der Registrierkasse und im Quietschen der Ladentür hatte Gottfried seinen ersten Zungenkuß erlebt.

Es war ein Kuß in den brandenden Kopfschmerzwellen, die vom Bier und den Tabletten kamen, und so vergaß Gottfried diesen Kuß schnell wieder, genauso schnell wie Paula, die nicht wählerisch war, was das Küssen anging. Zurück blieb in Gottfried nur eine seltsame Leere, die ganz fern eine Verheißung barg, eine Art Schuldschein auf die Liebe, einen weiteren, einen Wechsel auf andere Gefühle. Das war *seine* Zärtlichkeit, bisher. Sie lag im müden Blick von Paula, die sich von ihm löste, schwankte und mit den Füßen scharrte, die auf ihre roten DocMartens-Stiefel starrte, die gelbgeschnürten, vergammelten, verschmierten. Nicht einen Blick mehr hatte sie für ihn. Vom Supermarkt trotteten sie Seite an Seite mit den anderen hinüber zur Sportstunde, wo sich vor der Turnanlage Jungen und Mädchen trennten wie eine Öl-Wasser-Emulsion im Zentrifugator und zur einen Hälfte Richtung Halle trotteten, zur anderen im dampfenden, finsteren, atemnehmenden Schlund des Schwimmkellers verschwanden, in jene Welt aus Feuchtigkeit, Chlor und hallenden Kommandos. Nach den Tabletten und zwei Stunden Sport raste Gottfrieds Herz wie der Fliehkraftmesser einer voll aufgedrehten Dampfmaschine. Völlig abwesend sah er auf dem Weg nach Hause Paula und erkannte sie sekundenlang nicht. Das machte nicht viel. Auch Paula blickte durch ihn hindurch.

Das alles fiel ihm gerade jetzt ein. Hier im muffigen Keller. In der ihm gegenüberliegenden Ecke türmten sich die Autoreifen des Hausmeisters. (»Die haben doch sicher noch Platz bei euch …«) Daneben ein Stapel Holzscheite, auf ihm der Kasten Bier. Vom Boden her brüllte die für den kleinen Lautsprecher viel zu laut abgespielte Musik der Sex Pistols, und in den Pausen zwischen den einzelnen Stücken wimmerte die Mechanik von Molchos altem Kassettenrecorder. Molcho selbst lag geschäftig inmitten von Kabeln, Drähten und selbstgebastelten Schaltungen.

Karl hatte mittlerweile einen Sack mit Dämmwatte ausgepackt, die in die Höhlungen der selbstgebauten Boxen zu stopfen waren, und saß nun im Schneidersitz mit ratlosem Blick inmitten der quellenden Masse. Irgendwann wurde ihm alles zuviel, und er nahm sich einen herumliegenden, dicken Metallstab und begann seinen Bizeps zu trainieren. Sein Blick hatte jene Leere, die nur allumfassende Zufriedenheit, große körperliche Erschöpfung oder die Einnahme von Beruhigungstabletten erzeugen kann und die auch in der Hingabe von Astronauten liegen muß, wenn sie starten oder wenn sie gar ein bitteres Schicksal aus der Umlaufbahn geworfen hat, eine Art von Gläubigkeit daran, daß die Technik funktionieren, die eigene Kraft reichen, alles gut wird. Diese Stimmung und ein paar Flaschen Bier machten Karl unverwundbar. Er besaß damit eine Art Tarnkappe, ein Mittel, das das Außen an seine verborgene Welt im Innern anpaßte. Das war seine Art, mit *dem allem* klarzukommen. »Es gibt kaum etwas«, so betonte Karl manchmal, »das ich in diesem Zustand nicht regelrecht wegmeditieren kann.«

Und nach Gottfrieds Beobachtungen stimmte das auch. Keine Sorge, kein drängendes Problem, keine Belastung, keine schwirrende persönliche Enttäuschung, die sich so nicht einfangen, festnageln und ausschalten ließ. Es war eine Art lokaler Betäubung des Geistes, die sich fast wie gewünscht an- und ausschalten ließ.

Karl war einmal – ähnlich durchdrungen – vor den Augen seiner Freunde durch eine Glastür spaziert, auf der Party einer Bekannten, so, als wäre dort nur Luft, als wäre er ein Wesen von einer anderen Welt, entmaterialisiert, frei, schwebend. Es sah aus, als ob es ein indischer Wunderheiler den Christen einmal zeigen und die Sache mit dem See Genezareth überbieten wollte. Das Glas allerdings, sich mürrisch gegen metaphysischen Unsinn sträubend, hatte da nicht mitgespielt. Die Scheibe war mit platzendem Geräusch zersplittert und auf Karl und alle in der Nähe des Türrahmens Stehenden herabgeregnet. Die Scherben schlugen scheppernd auf den blanken Boden und spritzten nach allen Seiten weg. Vier der Umstehenden bluteten, nur Karl blieb bezeichnenderweise unverletzt. Er schien das Ereignis gar nicht zu registrieren, sondern betrat das Wohnzimmer und setzte sich in Fortführung seiner geistigen Bemühungen und wie nach einem gelungenen Initiationsritus auf ein Sofa, neben zwei heftig miteinander knutschende Mädchen, schlug die Beine unter, legte die Finger ineinander und begann offenkundig mit seiner Seelenstabilisierungs-Meditation.

Das ging allerdings nur einige Minuten gut. Manche der Opfer bluteten nämlich ziemlich heftig, und während die Gastgeberin, reichlich aufgelöst durch Alkohol, Anspannung und die Sorge, was die Eltern wohl sagen würden, mit Besen und Schaufel auf dem Boden herumrutschte und ihren hübschen Hintern reckte, bekamen einige Partygäste Panik.

»Sie müssen ins Krankenhaus«, rumorte es aus der Gruppe der Zuseher, »aber wer soll denn noch fahren? Wir müssen ein Taxi rufen.«

»Ach Quatsch«, sagte Karl in definitivem Ton und erhob sich. »Ich fahre.«

Wie abwesend setzte er sich in das zum 18. Geburtstag überreichte Auto eines Bekannten mit begüterten Eltern. Die anderen verfrachteten je einen Verletzten und einen Begleiter auf die anderen Sitze, und so ging die Fahrt dann zu siebt Richtung Krankenhaus. Gottfried saß vorn und hatte ein unbekanntes Mädchen auf seinem Schoß. Zu jeder anderen

Zeit hätte er Befürchtungen und Hoffnungen zugleich gehabt, daß gewisse nicht kontrollierbare körperliche Reaktionen dieser Unbekannten Dinge klarmachen könnten, die sein Mund nicht auszusprechen wagte. Aber das Blut blieb ruhig angesichts der Ereignisse des Abends, und so saß das Mädchen, eng gekuschelt und in seinen Schoß geschmiegt wie in einer ihren Rundungen angepaßten Sitzspezialanfertigung, die zerschnittenen, blutenden Arme eng an sich gepreßt.

Am Steuer blinzelte Karl pausenlos mit den Augenwimpern. Seine Lippen waren schmal geworden in der kalten Nachtluft, die durch das geöffnete Fenster hereinbrach und ihnen allen die Haare wirbelte. Das Auto flitzte durch leergefegte Straßen, und erst nach und nach bemerkten alle, daß Karls Fahrlinie zunehmend instabil wurde. Als es einen Berg hinabging, kam der Wagen zum ersten Mal ins Schwanken. Er schaukelte links, dann rechts, und nur mühsam und jetzt schon mit der verkniffenen Miene eines Mechanikers auf einer Nordsee-Bohrinsel im Herbststurm arbeitete Karl am Steuer.

Vor der Scheibe tauchte plötzlich, rasend schnell näherkommend, eine Baustelle auf. An einer Seite war sie gegen die Straße abgeteilt durch rotweißgeringelte Gummihütchen, rechts begrenzte ein hoher Bordsteig die Straße, und erst als sie schon fast in die Verengung eingefahren waren, erinnerten sich einige von ihnen an das Warnschild, schlechtbeleuchtet, aber in seiner Botschaft klar. Karl beantwortete die sich verschärfende, weil trichterförmig zulaufende Situation mit einem harten Druck aufs Gaspedal, es sah fast so aus, als wolle er wie beim Tauziehen seinen Stand sichern. Er korrigierte nach links, flummp! flummp! machte es, und vier bis siebzehn Gummipylonen schossen böse wimmernd wie Haftpfeile nach der Seite weg und verschwanden in der Baugrube.

Karl korrigierte nach rechts. Das Auto zog eine mathematisch saubere Tangentiale auf den Bordstein zu, erreichte ihn aufseufzend, und die neuen, teuren, spezialgehärteten Radkappen des Wagens schlugen eine Feuerspur aus der granitenen Begrenzung. Eine Explosion von Funken regnete hinter dem Wagen herab auf die Straße, es kreischte, jaulte und krachte, Karl trat die Bremse durch, das Auto wollte ausbrechen und dann war er plötzlich wieder ganz Schlafwandler, ließ das Pedal los, korrigierte ein weiteres Mal und bei mindestens noch Tempo 80 brachte er den Wagen wieder auf geraden Kurs, eben rechtzeitig genug, um einem entgegenkommenden Fahrzeug auszuweichen. Völlig ungerührt steuerte Karl dann weiter, brachte die Verletzten sicher ins Krankenhaus und fuhr die medizinisch Erstversorgten anschließend kommentarlos wieder zurück auf die Party. Am nächsten Tag wollte er nicht glauben, was ihm seine Freunde über den zurückliegenden Abend erzählten.

Gottfried blickte in wohliger Erinnerung auf Karl, der davon nichts merkte, natürlich nicht. Immerhin: Karl war der ruhigste, als sie endlich den Strom einschalteten und die Lichter an den Verstärkern aufblitzten. Drei Stunden später war es also endlich soweit, ziemlich genau zu dem Zeitpunkt, als Gottfrieds Vater auftauchte. Er gehörte neben Jutta, Malte und Bonzo zu jenen vier Menschen, die sie eingeladen hatten, zu ihrer ersten Probe.

Zaghaft hatte er an die Kellertür geklopft, und sie hörten es zunächst nicht, dann aber kam er herein und sagte: »Guten Abend« und erst dann »Hallo, Gottfried.«

Gottfried gab ihm die Hand, und dann redeten sie ein wenig, aber nur ein wenig. Wie geht es so? Was machst du denn jetzt so? Und das sind also deine Freunde? Es waren Fragen und Antworten, die sich beide hätten sparen können.

Als Gottfried den Baß umschnallte und sich noch einmal umblickte, empfand er plötzlich ein erschreckend starkes und schmerzendes Mitfühlen mit seinem Vater. Da stand er, etwas verloren mit seinem Bier in den Händen und zwischen Malte und dem langhaarigen Bonzo, die mittlerweile auch gekommen waren.

Mit seinem Instrument vor dem Körper ging Gottfried noch einmal zurück zu seinem Vater. »Schön, daß du gekommen bist. Heute ist ein wichtiger Tag für mich und meine Freunde. Wir fangen sozusagen einen neuen Abschnitt an, blättern um.«

Erst sagte Johann Miller darauf gar nichts. Doch dann: »Wann besuchst du mich denn einmal? Es ist doch nicht weit.«

Gottfried zuckte ein wenig zurück, und diese Reaktion, die seinem Vater nicht entgangen sein konnte, erschreckte ihn. Schlagartig wurde ihm klar: Es hatte seinen Vater genauso hart getroffen, er war genauso ein Geschlagener wie er selbst, das wußte Gottfried plötzlich. Er war verloren, und ihm fiel genausowenig ein, weniger noch, viel weniger. Wie er so dastand, den Kronenkorken als Spielzeug zwischen den nervösen Fingern. Und dann sagte er es ihm, spontan und hingeworfen wie kindliches Aufbegehren: »Ja, in Ordnung. Ich komme. Bald.«

Sein Vater versuchte zu lächeln. Da stand er. Wenn es nicht so schlimm gewesen wäre, hätte Gottfried lachen wollen über dieses Bild.

Neben seinem Vater Malte, der Hippie. Malte, der Punkrock haßte, Malte, der Hippie-Prototyp, der perfekt Gitarre spielen konnte und sich mit Verstärkern auskannte und den sie nur deshalb eingeladen hatten. Und zur Rechten seines Vaters stand Bonzo, der Metall-Freak, der Rocker, dem der Vater mit Mißtrauen und instinktivem körperlichem Respekt begegnete, denn Bonzo kam vom Land und gehörte zu jenen Typen, die in nietengespickten Lederjacken, mit Mofas und später mit Motorrädern ihre Ablehnung der sie umgebenden Gesellschaft ausdrückten.

Gottfrieds Vater sah sich um, links Malte, rechts Bonzo. Und ganz in der Ecke, schweigsam und nachdenklich, Jutta, die bislang zu keinem der Gäste Kontakt gesucht hatte. Dann schaute er in Gottfrieds Augen. Wann geht es los? schien sein Blick zu fragen, und Gottfried nickte.

So schwer hätte er sich das Wiedersehen nicht vorgestellt, aber was sagte Karl immer? »Durch Handeln die Zweifel zunichte machen«?

»Zehn Minuten noch, vielleicht«, sagte Gottfried, eine Antwort auf keine Frage, und drehte sich um.

Ja, es hatte auch seinen Vater getroffen. Das wußte er jetzt. Aber dieses Wissen stiftete ihm weder Trost noch gar eine neue Verbundenheit. Es war vielmehr ein kaltes Wissen, ein Wissen, das mit einem harten Gefühl verbunden war, einem sinnlosen Mitleiden, das nur schmerzte und keinem half.

Als die Tür sich ein weiteres Mal öffnete und der Hausmeister mit seinem »Elf Freunde müßt ihr sein«-Vereinsgesicht hereintrat, erklangen die ersten Töne. Elis Gitarre quäkte aus seinem billigen Verstärker. Gottfried tackerte auf seinem Baß herum, und die Anstrengung, die richtigen Töne zu finden, spannte Sorgenfalten über seine Stirn. Molcho war in die Knie gegangen und röhrte unverständliche Worte in sein Mikrofon. Und von ganz hinten, aus Karls Ecke, rumpelte ein ungestümer, primitiver Rhythmus, erst schwerfällig, dann zunehmend an Wut und Wucht gewinnend. Jeder der vier Musiker legte sich auf einfache, in den wenigen Wochen zuvor erlernte, immer wieder beherrschbare, immer wiederholte, nervernaufreibende penetrante Klang- und Schlagfolgen fest, und langsam, ganz langsam fanden sich die Töne und Schläge, ganz langsam hakten die Bewegungen der vier ruckend ineinander, mühsam und unter Schwierigkeiten wie die Glieder eines oxidierten Reißverschlusses. Aus dem Knäuel verworrener und zunächst nicht zueinander passender Melodie- und Rhythmuslinien flocht sich nach und nach ein gemeinsamer Strang, aus der anfänglichen Front von Lärm trat das Relief eines Lieds. Eli sägte wie irr auf seiner Gitarre, rauf und runter, es waren nur zwei oder drei Akkorde, aber es reichte, um ihn und die anderen zu fesseln. Karl sah mittlerweile aus wie ein Preisboxer in schwerem Kampf, die Adern schwollen an seinem Hals, der Kopf war nach hinten gereckt, Schweiß rann ihm brennend in beide Augen, Arme und Hände suchten sich wie selbständig den Weg auf die Felle. Molcho hatte sich langsam erhoben, er stand jetzt in Predigerhaltung und schrie in sein Mikrofon.

Sie arbeiteten an ihren Instrumenten fieberhaft schwitzend im Rausch einer schweren Krankheit. Alles war laut, oft fehlerhaft, dilletantisch und variantenarm, technisch miserabel, aber zwischen dem überdimensionalen Lärm im kleinen Keller federte ein neues Gefühl durch den Raum, es war kaum zu glauben, und doch war es da, ein berauschendes, ein hemmungsloses Gefühl der Gemeinsamkeit, ein geballt schlagender musikalischer Haß: Punk eben.

Nach mehreren glückserfüllten Minuten wagte Gottfried einen Blick. Es war ein erster riskanter Blick hinaus aus dieser neuen Welt, auf die alte, und, wenn er an seinen Vater dachte, an die ganz alte Welt. Jutta saß da, und ein gewisser Widerwille kräuselte ihren Blick, unwirsch bewundernd und zärtlich schaute sie auf Karl. Malte saß auf dem Boden, nippte an seinem Bier und hatte die Augenbrauen hochgezogen. Gottfrieds Vater und der Hausmeister schrien sich abwechselnd ins Ohr, wie und warum waren sie auf die Idee gekommen, sich jetzt, hier, zu unterhalten? Und Bonzo? Die Bierflasche baumelte wie angewachsen zwar noch mit größtmöglicher Selbstverständlichkeit an seinem rechten Arm, sonst aber war sein Körper plötzlich erfüllt von einer sonderbaren Spannung. Die linke Faust geballt, der Blick verkniffen, hatte sich Bonzo nach vorn geneigt und nickte. Dieses Nicken wurde immer heftiger, Kopf und Schultern erbebten, und in seine Augen trat die polizeibekannte Gewißheit, daß er gewalttätig werden würde, wenn man ihm blöd kam.

3 »Du bist ein Super-Arschloch!« schrie Jutta und funkelte Karl ins Gesicht. »Ihr alle seid Arschlöcher! Vollidioten! Selbstverliebte Kleinkinder, keine Ahnung von nichts! ›Auf Tour-Gehen‹«, höhnte sie, »daß ich nicht lache, so eine Schnapsidee, ihr könnt ja kaum die Instrumente halten. Und dafür wollt ihr auch noch die wenigen Jobs aufgeben, die ihr habt, diese Scheißjobs, über die ihr noch froh sein könnt, wovon, ihr Trottel, wollt ihr leben, von Luft und Liebe oder was? Gerade von Liebe, haha, ach Scheiße! Und«, fuhr sie nach kurzem Luftholen fort, und sie wandte sich dabei an Karl, was Gottfried trotz der sich anspannenden Stimmung bemerkte, »wenn du jetzt fortfährst, dann hast du mich gesehen, dann kannst du mich gern haben, dann ist Schluß mit dieser Nummer vom ehrlichen Proletarier, Schluß mit deinem Spielchen hier, du mit deinen Freunden, die glauben, ihre Scheiß-Freundschaft sei schon Antwort genug auf Fragen, die ihr noch nicht einmal stellen könnt! Du glaubst wohl, das gehe alles so einfach, ich gefalle dir, und dann schleppst du mich hierher, so, als wäre das nur ein Abend unter Tausenden, zu deinen durchgeknallten Freunden, lauter verkrachte Existenzen, wie du mittlerweile auch,

schleppst mich da hin und tust so, als habe das alles nichts zu bedeuten, so als gehörte ich einfach dazu. Und dann lernt man die Leute kennen, und man glaubt, das sind ja wenigstens mal ein bißchen andere Typen, aber kaum haben sie auch nur den Zipfel einer Idee, sind sie gleich wieder ganz Mann, machen, machen, durchziehen, nach vorn, nach oben muß es gehen, erst rumsitzen, blöde Geschichten schreiben und lesen und dann plötzlich die Bierflasche beiseite stellen und lostouren durch die Welt, das Leben als Road-Movie, muß ich mir wirklich solche Machoscheiße antun? ›Komm doch mit‹ – was Verlogeneres hättest du mir gar nicht vorschlagen können, Karl, bin ich denn vorher gefragt worden, ist das euer Traum oder meiner?«

Sie waren alle überrascht über die Wucht ihrer Anklage, so kannten sie Jutta gar nicht, was war denn los? Aber noch während sie redete war in Gottfried die Stimmung umgeschlagen, erst hatte er ihre Wut bewundert, jetzt aber klangen ihm ihre letzten Worte seltsam still und tonlos, ja, betäubend.

»Was regst du dich so auf?« fragte Eli mit ungewohntem, fast warmem Interesse. In seiner Stimme allerdings federte Scheinheiligkeit, gespannt wie das spiralene Metall in einer Spielmaus. Er, das war allen klar, er war der einzige, der von Anfang an diese Jutta nicht dabei hatte haben wollen. Und er hatte es, anders als Gottfried, auch laut gesagt. Und deshalb hatte er jetzt jedes Recht, alles zu sagen.

Eli wandte sich an Jutta. »Was wir hier machen, das ist wenigstens einmal etwas. *Wir* tun wenigstens etwas. Das ist *unsere* Sache. Geht nur« – er korrigierte sich – »geht vor allem uns etwas an.«

Jutta schüttelte den Kopf. »Ihr tut was … Schön für euch. Ist mir auch recht. Macht eure Tour. Macht eure Männer-Tour. Tut, was ihr nicht lassen könnt. Du brauchst im übrigen gar nicht so beleidigt zu reden. *Ihr* habt mich gefragt, wie ich das finde. Und ich finde es nicht gut. Und jetzt gehe ich!«

Molcho war aufgesprungen. »Jutta, nicht!« rief er. »Ich weiß schon, was du meinst. Aber du bist nicht gerecht, du kannst nicht einfach mit dieser Mann-Frau-Masche kommen, so einfach ist es dann auch wieder nicht, das ist nicht fair. He, warte, ich …«

Aber Jutta hatte nur noch einmal den Kopf geschüttelt und die Tür hinter sich geschlossen, viel zu sachte, als daß Molcho beruhigt hätte sein können.

»Das hätte ich nicht gedacht«, flüsterte Karl wie abwesend.

Molcho drehte sich zu ihm um, er stand gegen das Licht über Karl, und sein Profil wirkte im Schein der Lampe und im dröhnenden Nachhall von Juttas Worten wie herausgeschnitten aus dem Halbdunkel des Kellers. Seine Augenbrauen hatte er kaum merklich zusammengekniffen. Zwei, drei Minuten sagte niemand etwas.

Dann räusperte sich Eli. »Es sind die Augen«, sagte er. »Habt ihr ihre Augen gesehen?«

»Was soll sein mit den Augen, red nicht herum!« Molcho gab sich unwirsch, aber in seiner Stimme lag scharfes Interesse. »Die Augen sind leer«, sagte Eli, »leer wie von Katzen ausgeschleckte Blechteller, Augen ohne Leben, ohne irgendein Zeichen von Leben oder von Willen oder von Wärme oder … Liebe.«

»Ach was, quatsch keinen intellektuellen Mist, was weißt denn du«, erwiderte Molcho böse, »und erzähle mir vor allem nichts von Liebe. Gut, daß Jutta nicht mehr da ist. Die würde dir den Kopf schon zurechtrücken. So ein Blödsinn, darum ging es ihr nun wirklich nicht, sie findet dafür wohl bloß nicht die richtigen Worte. Nein, es geht um etwas ganz anderes.«

»Was soll der Blödsinn überhaupt?« meldete sich Karl. »Wir fahren ein paar Monate auf Tour. Ich weiß gar nicht, was die sich so aufregt. Wir kommen doch wieder.«

Jetzt ging Molcho auf ihn los. »Du hast überhaupt nichts kapiert. Wirklich nichts. Darum ging es ihr nun wirklich nicht. Hast du nichts gemerkt? Hast du während der letzten Wochen wirklich nichts mitgekriegt? Gerade du? Du hast sie doch mitgebracht. Dich fand sie doch gut! Das ist eine Klassefrau, das solltest du doch wissen, die geht ihren Weg! Aber anscheinend hat sie es auch nicht gerade so leicht, immerhin hat sie uns gemocht, hat ein paar Leute gefunden, an die sie wenigstens denken konnte, während sie *ihre* Sachen machte. Wenn Du es hören willst: Sie fand manches gut bei uns und an uns, auch dich, Eli, du Idiot, aber dann haben wir halt nur unsere Musikernummer gemacht, das ist ja auch in Ordnung, aber vielleicht hätten wir auch einmal nachdenken können, ob das alles ist?«

»Nicht schon wieder ...« Karl stöhnte auf. »Nicht schon wieder fragen, ob das alles ist. Vielleicht ist das alles, vielleicht ist das das ganze Leben, gebt doch endlich mal Ruhe mit dieser Fragerei, wir machen dieses und jenes, und jetzt machen wir unsere Musik, und wir machen es zusammen, und das ist es, fertig, aus! Wer dabei mitmachen will, soll es tun, wenn sie es nicht will oder kann, dann ..., dann kann ich auch nichts ändern.« Aber Eli gab noch nicht auf. »Was soll dann das alles heißen?«

»›Was soll das heißen‹«, äffte Molcho ihn böse nach. »Glaubst du, das, was wir leben, ist Wärme oder Liebe? Gerade du mit deinen schwachsinnigen Geschichten, die außer dir keiner versteht, gerade du, der Herr Künstler, sollte ein bißchen sensibler sein können, ein bißchen mehr davon bemerken, was läuft!«

Jetzt wurde Eli sauer, richtig sauer. »›Schwachsinnig‹. Soso. ›Keiner versteht die Texte‹, soso. Wer, du Arsch, schreibt denn deine Texte, die Texte, die du singst und schreist? Hä? Wer?«

»Nein, verdammt!« rief Gottfried. Jetzt war auch er aufgesprungen, und aufgeregt gestikulierte er mit den Händen. Er war selbst über seine Wut erstaunt. »Jetzt reicht's! Euer Gerede ist ja nicht auszuhalten, eure kleinkarierte Streiterei, darum geht es doch gar nicht, es geht doch um Jutta! Ich gehe ihr nach, und wir reden später noch einmal!«

Gottfried war schon durch die Tür und vernahm nur noch im wegschwappenden Ruf Molchos einen Protest, den er aber ignorierte. Er mußte raus.

Der Keller hatte einen zweiten Ausgang, der zum anderen Ende des Gartens führte, es war ein Fluchtweg, den sie in den Bombennächten des Krieges angelegt hatten. Erst seit sie im Keller probten, war die Bodenluke wieder geöffnet worden, auf Anregung des Hausmeisters, der so Scherereien mit den anderen Mietern vermeiden wollte.

Gottfried stieg die betonbröckelnde Treppe nach oben, unter der gegen Volltreffer gerundeten Decke, den Wasserleitungen, am Vorraum für die Bunkerwache, an den noch unversehrten Wänden vorbei, von denen die verblichenen Parolen der Luftschutzwarte noch ihre Feuerverbote schrien, atmete den Dunst von Moder, Abwasser, Rost und erodierender Bausubstanz und sog ihn ein, den Duft der Toten, beklemmend, grabesfaul, und steckte ihn ein, diesen Boxschlag des erstarrten Schreckens, den Upper-Cut der Geschichte. Die Luke war offen, und das noch nicht gelichtete Gewirr von Schlingpflanzen, verwahrlosten Hecken und niedrigen, geduckten Bäumen war um ihn. Er hörte huschende Hunde und Katzen, sie spielten hier gerne, denn der Garten grenzte an ein aufgelassenes Bundesbahngelände, wo zwischen völlig zugewachsenen Gleisen Schuppen und Lagerhallen standen, die Landstreichern ein Zuhause für den Sommer boten – ein Spielplatz für die Entwurzelten und Heimatlosen, ob Mensch oder Tier.

Am Zaun, der die beiden Grundstücke trennte, lehnte Jutta und sah so aus, als habe sie gewartet, daß einer hochkommen würde.

»Du hast gewartet, hm?« war dann auch Gottfrieds erste Frage, und noch während er sie stellte wußte er, daß das die falsche Frage war.

»Du«, schnaubte Jutta wütend, »du! Du bist der größte Idiot von allen.«

Sprach's, wandte sich ab und ließ ihn stehen.

Am Wochenende darauf, einen Tag bevor es losgehen sollte mit ihrer Tour, löste er sein Versprechen ein. Gottfried hatte es schon geahnt, es war eine ungute Reise in die Vergangenheit.

»Soll ich nun mitkommen oder nicht?« hatte ihn Molcho gefragt. »So wie du dreinblickst, wäre mir fast lieber, du würdest allein fahren. Zu was brauchst du mich eigentlich, soll ich euch begleiten bei einem Spaziergang, oder was?«

»Nein, nein«, beschwichtigte Gottfried eilig. »Du sollst einfach nur mitfahren, ich brauch' das, ich brauche einen Freund an meiner Seite, einen, der das alles kennt. Alleine, alleine … kannst du das denn nicht verstehen, alleine ist es schwer, sehr schwer. Du setzt dich einfach in eine Gaststätte, trinkst ein paar Bier und wartest, es dauert nicht lange, versprochen, o. k.? Kommst du mit?«

Molcho hatte genickt. Dennoch war Gottfried mit bösem Blick aufgebrochen. Zwei Stunden Rückkehr in die Kindheit. An der ihm nur immer noch allzu bekannten Eingangstür zur Mühle holte er seinen Vater ab. Sie machten einen langen Spaziergang, danach ging es Gottfried besser. Sein Vater hatte ihm selbstbewußt von seinem jetzigen Leben erzählt und ihm Geld angeboten, weil es immer besser lief mit dem Geschäft. Gottfried hatte das Geld grinsend genommen. »Die Zeiten, zu denen ich gesagt hätte, so einfach geht es nicht, die sind vorbei, Geld, das kann ich immer gebrauchen«, sagte er. Sie waren auf dem Rückweg sogar am alten Haus vorbeigegangen, und Gottfried hätte wetten können, daß sich hinter den dichten Gardinen etwas Mumienhaftes bewegt hatte. Gottfried schleuderte seinen gerade halb abgegessenen Apfel in Richtung des betreffenden Fensters, verfehlte es und reckte statt dessen den erhobenen Mittelfinger. Aus seinen Augen sprang der Schalk, und als er seinen Vater anblickte, nickte der nur und schüttelte dann ergeben den Kopf. »Das tut man nicht«, sagte er mit gespieltem Ernst, und Gottfried legte ihm aus spontaner Begeisterung den Arm über die Schulter.

»Dir scheint's ja richtig gutzugehen«, sagte Molcho, als sie sich gegen sechzehn Uhr am Bahnhof wiedertrafen.

»Ja, mir geht es gut«, sagte Gottfried. »Alles war einfacher, als ich dachte. War gut, mit ihm zu reden. Ich glaube, ich habe etwas begriffen. Und deswegen fühle ich mich besser. Weißt du, ich glaube, nicht das Weggehen von einem Ort, an dem man einmal gelebt und den man aus gutem Grund verlassen hat, bringt einen wirklich voran, nicht das Wegbleiben, und auch nicht das Zurückkommen. Das sind zwar alles Dinge für sich, und sie fallen einem, sie fallen *mir* zumindest nicht leicht, aber das ist nicht das eigentlich Wichtige. Das Wichtige, das ist das Hingehen-Können. Auf das *Können* kommt es an, du mußt nicht, aber du kannst, und weil du kannst, mußt du nicht, und weil du nicht mußt, ist es egal, was du tust, es ist und bleibt *deine* Entscheidung, und das ist gut für alle. Das ist es. Das bringt den Fortschritt.«

Molcho blieb skeptisch, schlug ihm aber gratulierend auf die Schulter. »Na ja, dann kannst du das nächste Mal ja ohne Babysitter herfahren, oder?«

Gottfried lachte, so lange und laut, bis auch Molcho mitlachen mußte. Sie waren wieder die alten Freunde, die am Bahnhof Scheiben einwarfen. Ihnen gehörte wieder die Welt, und morgen ging es los. Ihnen konnte nichts passieren. So mußte es sein. Sie setzten sich in den fast leeren Nachmittagszug und fuhren zurück.

Auf halber Strecke passierte es dann aber doch. Es war das, was Gottfried fürchtete, das, was alle Überlegungen hinfällig machte. Der alte Sumpf kochte wieder hoch.

»Scheiße, da kommt ja Höfer«, sagte Molcho plötzlich, und das Erschrecken schoß Gottfried in den Bauch wie die Klinge eines Stiletts. Ein großer, kräftiger Mann hatte den Wagen betreten, kam direkt auf sie zu, und es war nicht mehr zu leugnen, daß es sich um Nazi-Höfer handelte. Gottfried sah ihn zum ersten Mal aus der Nähe. Sein Gesicht war zerschunden, voller vernarbter Verwerfungen. Diese Kerben im Fleisch wechselten mit braunen, schorfigen Flächen und kleinen hellen Hautoasen. Der Mann hatte einen fliehenden Ausdruck in den Augen, seine Blicke huschten furchtsam und unruhig, sprunghaft, immer mit dem Angriff des Feindes rechnend. Nazi-Höfer trug einen vergammelten Trachtenanzug, aus dem das schmutzigweiße Hemd zur Hälfte raushing. Hände hatte er wie Bratpfannen, schwielige Hände, die Nägel so kurzgeschnitten, daß sie in den Fleischwülsten seiner Fingerkuppen verschwanden. An der linken Hand trug er drei dicke, fett silbern glänzende Ringe, groß wie Siegel und von einer so unverschämten künstlerischen Brutalität, daß eigentlich auch der Blick auf dieses Metall genügt hätte, um alles über ihn zu wissen. Auf einem dieser Ringe saß ein grobgehauenes, schwarzgefärbtes Hakenkreuz, auf dem zweiten das der Wehrmacht. Der dritte Ring war schmucklos rund und glatt.

Und Gottfried kannte diese Ringe. Die Erinnerung an jene Szene im Keller am Tag, als er das Dorf verließ, schlug über ihm zusammen. Die Welt trübte sich ein, und nur häßliche Menschen schienen die Dörfer und Städte zu bevölkern, Menschen mit bösen Gesichtern, erniedrigten Gedanken und gebeugten Leibern und Augen, aus denen Abgründe von Brutalität funkeln, von unendlicher Dumpfheit, von sabbernder, geifernder Gier, von unverhohlenem gewalttätigem sexuellem Interesse. Der Schock dieses Gefühls brannte Gottfried auf den Wangen, fast so, als habe Höfer mit seiner beringten Hand zugeschlagen und als würden sich die geschürften Kreuzmale auf den geprellten Knochen pulsierend mit dünnem Blut füllen.

Gottfried saß zunächst regungslos da, schielte nach Molcho, dann mit schwer verbergbarem Erschrecken nach dem seltsamen Mann, der nur noch einige Meter entfernt stand und sich offenkundig überlegte, ob er näherkommen sollte.

»Hast du ihn schon einmal reden gehört?« fragte Molcho leise und mit glucksendem Vergnügen in der Stimme. »Hört sich wirklich interessant an. Er röchelt nämlich, ich glaube, weil er irgendeinen Schaden am Kehlkopf hat. Man kann ihn nur ganz schwer verstehen. Oben, da wo die Luftröhre beginnt, hat er ein kleines Loch, das sieht man jetzt wegen des Hemdes nicht. Das pfeift, wenn er spricht. Er hat ein Gerät, sieht aus wie ein Rasierapparat, das hält er manchmal vor das Loch, und dann spricht er fast verständlich, ungefähr so wie ein schlecht eingestelltes Radiogerät.«

»Puh«, sagte Gottfried und behielt dabei Höfer im Blick, der immer noch unschlüssig auf die beiden blickte. Nun endlich reagierte Höfer, mit einem tiefen, schnurrenden Zug durch die Nase tappte er gegen das Wackeln des Zuges mühsam heran, ließ sich auf den gegenüberliegenden Sitz plumpsen und ein nicht enden wollender Schnaufer rasselte aus seiner Luftröhre. Er grinste zunächst selbstzufrieden, knurrte dann unwillig und ließ einen Furz. Gottfried war entsetzt. Irgend etwas tief in ihm erschrak immer mehr. Hörte das denn gar nicht mehr auf? Wie Spritzwasser gefroren die Sekunden und legten sich kalt um seine Seele.

Höfer faltete seine Bratpfannen-Hände, als ob er Gottfried deutlich machen wollte, daß weglaufen nichts nutzen würde.

»Verdammte Scheiße«, flüsterte Gottfried.

Molcho schien das Treffen zu genießen. Er grinste nur. »Tag, Kamerad Höfer!« schrie er, und die Konsonanten knallten wie Stiefelhacken.

Gottfried starrte mit möglichst unbeteiligter Miene aus dem Fenster. Draußen rasten Felder, kleine Häuser, Waldränder, Hochspannungsmasten vorbei, dann die ersten Wohnblocks der Vorstadt, mit ihrem übertrieben bunt bemalten Beton und den zu kleinen Fenstern, Zombiebauten auf einem atomar kontaminierten Planeten, auf dem nur noch ein einziger Zug unterwegs ist, in dauernder Fahrt, in einer Endlosschleife.

Höfer hatte jetzt ein Bein auf die Bank gelegt, die Augen geschlossen. Er atmete durch den Mund. Daraus strömte ein Gestank wie von verrottendem Fleisch, tief, dunkel, geheim und schmutzig. Es war der Atem der Finsternis, ein Geruch von tiefer Primitivität, verfaultem Hirn. Plötzlich griff Höfer in die Innentasche seiner Jacke. Er zog ein Bündel abgegriffener Kartons heraus, vielleicht vierzig oder fünfzig Stück, geschnitten auf Postkartengröße. Sie wurden durch einen dicken Gummi zusammengehalten, einem jener Gummis, mit denen Gottfrieds Mutter Einmachgläser verschlossen hatte und die sich so gut zum Schleudern von Kieselsteinen verwenden ließen. Der Mann ringelte den Gummi herunter, er fiel unbeachtet zu Boden. Gottfried sah gebannt zu, aus den Augenwinkeln beobachtete er Molcho. Jetzt mußte irgend etwas kommen, irgendeine Schweinerei, irgend etwas, was sich Irre so ausdenken können, dachte er, etwas, das unauflöslich mit dem Unheimlichen verbunden war. Oder jetzt kam die Rache, für die Falle, die sie ihm damals gestellt hatten.

Und tatsächlich: Höfer reichte ihm eine Karte herüber. Gottfried schaute ihn verständnislos an, und erst als Höfer unwirsch und mit einem animalischen Brummen die Karte schüttelte, nahm er sie an. Sein Gegenüber starrte wirklich wie ein Tier. Er beugte sich zu Gottfried, und sein Atem kam wie der Dunst einer Futtermittelfabrik zu ihm herübergeweht. Gottfried drehte das Blatt, sah die Schrift, und vor lauter Schreck dauerte es sekundenlang, bis er die krakeligen Buchstaben las: »Wohin fährst du?« stand dort, ungelenk, in kindlicher Schrift.

Gottfried mußte plötzlich husten, sein Atem ging schneller, und er spürte eine tiefe Erschöpfung. Diese schlichten Worte waren schlimmer als die schlimmsten Befürchtungen, die er gehabt hatte. Dieser Satz machte ihn ganz und gar weich. Oh, Scheiße, Höfer war ein wirklich ein Irrer, er mußte ein Irrer sein. Gottfried blickte mit aufgerissenen Augen zur Seite. Molcho hatte die Arme entspannt hinter dem Kopf gekreuzt. Seine Beine waren ausgestreckt. Dann wandte er sich zu Gottfried, und dann, als sei das eben Erlebte eine Bestätigung dessen, was er schon immer über die Welt und die Menschen gesagt hatte, grinste er.

4 »Das beginnt doch alles ganz gut«, sagt Karl zufrieden, kaum daß sie die deutsche Grenze hinter sich gebracht haben.

»Keine Probleme«, antwortet Molcho, »aber das heißt gar nichts, die können noch kommen«.

Das Wort »Problem« ringelt sich durch den Raum wie eine Giftschlange, keiner will ihm näher kommen, keiner will etwas sagen. Alle folgen sie sichtlich den Gedanken an das nach, was bei so einer Reise alles passieren, was alles schiefgehen kann. Schließlich bricht Karl das Schweigen. »Wir haben die Zusage des Clubs in Amsterdam, denen *hat* unsere Demo-Kassette gefallen, Mensch Leute, laßt die Köpfe nicht hängen, zwei Auftritte sind garantiert. Das sind, na ja, laßt mich rechnen, wenn wir Glück haben, sind das fünfhundert Mark, vielleicht sogar mehr. Das ist doch klasse! Unser erstes mit Musik verdientes Geld!«

»Na, na, na«, wirft Molcho ein, »du siehst dich schon in den Charts oder wie? Laß uns das Geld erst einmal verdienen, laß uns erst einmal vor Zuschauern spielen, das ist was anderes als vor unserem Hausmeister im Keller, darauf kannst du wetten.«

Eli und Gottfried sagen gar nichts, aber sie sehen beim Gedanken an ihren ersten Auftritt nicht gerade glücklich aus. Es ist, als fühlten sie die nun ebenfalls passierten holländischen Schlagbäume noch hinter sich als Nackenschläge hinabzischen, sie trennen diesen neuen Lebensabschnitt ab wie eine Guillotine die Köpfe, irgendwie spüren es alle. Der alte Bus, den sich Eli von einem Freund bei einer Puppentheatertruppe für vier Wochen geliehen hat, ist überladen, und Eli am Steuer ist vollauf beschäftigt, den Wagen ruhig durch die kurvenreichen Straßen zu lenken. Hinten auf der Ladefläche stapeln sich die Boxen, die Verstärker, die Gitarrenkoffer. Noch über den kleinen Seitenfenstern hängen Kabel, wie Gardinen.

»Wir können froh sein, wenn unser Zeug durchhält«, sagt Molcho mit verächtlichem Unterton und deutet auf die Instrumente, »... das billige Zeug.«

»Da mach dir mal keine Gedanken«, antwortet Karl, »das haben die Amsterdamer schon zugesagt, was Boxen und Gesangsanlage angeht sei alles da, müßten wir uns keine Gedanken machen, also vergiß es, Molcho, glaub mir, technisch gesehen wird nichts schiefgehen, das ist sicher.«

»Sicher ist gar nichts«, wirft jetzt Gottfried ein und trägt damit seinen Teil bei zur guten Laune, wofür er dann auch einen genervten Blick Karls kassiert. »Nach Amsterdam wissen wir nämlich gar nichts«, begründet Gottfried, »da ist nichts mehr ausgemacht, nichts mehr abgesprochen, außer diesem seltsamen Termin in Elis windigem Club in Paris, daran glaubt doch keiner *wirklich*, oder??«

Alle blicken jetzt auf Eli, und der – ganz der Erfahrene, Weitgereiste, Kontaktstarke –, genießt die Aufmerksamkeit, reckt sich, lächelt und sagt überlegen: »Um Paris macht euch keine Sorgen. Karl hat viele Briefe geschrieben und den Amsterdamer Club aufgetan, und ich habe einmal telefoniert und einen Auftritt in Paris versprochen. Ich werde mein Versprechen halten.« Elis Arroganz wirkt auf sie beruhigend wie auslaufendes Erdöl auf aufgewühlte See.

»Na gut«, lenkt jetzt auch Gottfried ein, »vielleicht stimmt ja alles, vielleicht klappt ja alles, wäre ja wunderbar.«

»Und was die Termine dazwischen angeht«, sagt Karl, »da fahren wir einfach immer weiter, Etappe für Etappe, immer in die nächste größere Stadt, suchen die Clubs, bieten uns an, und ihr werdet sehen, da geht dann schon etwas.«

Karl seufzt zufrieden und läßt sich nach hinten fallen. Er sitzt im Laderaum auf Decken und Matratzen, die er, um überhaupt Platz für alle zu schaffen, auf die schweren Geräte gelegt hat. Darauf will er selbst – liegend – den größeren Teil der Fahrt hinter sich bringen. Doch die Konstruktion verrutscht, und er sinkt kichernd ein. Jetzt sieht man nur noch Karls Beine und seinen Kopf. Sie ragen aus dem allgemeinen Chaos der Ladefläche heraus wie die Beine eines zusammengeklappten Campingstuhls. Plötzlich knackt etwas, und seine Hand schwebt aus den Tiefen des Stauraums durch die Luft und führt eine Dose Bier an den Mund. Alle lachen erleichtert. Neben Eli im Fahrerraum sitzen Gottfried und Molcho. Gottfrieds Gesicht ist vor Schlafmangel grau wie die Pappe auf der Rückseite eines Zeichenblocks. Rasiert hat er sich seit vorgestern, seit Beginn ihrer Fahrt, nicht mehr. Er kramt im sperrigen Plastik der von der Sonne aufgeweichten und in verbeultem Zustand erstarrten Kassettenhüllen. Sie liegen zwischen Ablage und Windschutzscheibe, garniert mit zerbrochenen Keksen, aufgerissenen Salamipackungen und zwei faulenden Äpfeln, zwischen einem Pornoheft, einer geplatzten Gummibärchentüte und verschmutzten Papiertaschentüchern. Ungelenk wie er an diesem Morgen ist, sucht Gottfried fünf Minuten lang. Eli am Steuer läßt sich nervös machen. »Scheiße, was soll das dauernde Klappern, da kann doch kein Mensch sicher fahren!« Schon vor der Grenze war Eli gereizt. Doch er bemerkt, daß jetzt, gerade jetzt, schlechte Laune nicht erlaubt ist, jetzt, während alle gerade Hoffnung schöpfen.

»Gebt mir ein Bier!« befiehlt er daher und weiß, daß das immer gut ankommt, und Karls Arm fährt die Dose aus den Tiefen seines Klappsitzes mit souveräner Geste über den Kopf und durch die zerbrochene Trennscheibe in den Fahrerraum. Eli reißt die Dose mit den Zähnen auf, das Bier läuft ihm über das Kinn, und er wischt es lachend mit dem Unterarm trocken.

Gottfried hat seine Kassette immer noch nicht gefunden. »Mach mich bloß nicht nervös«, sagt er leise. Auch er muß sich bemühen. So einfach ist das alles nicht. Seit sie losgefahren sind, reiben sie sich aneinander wie von der Sonne zersprödetes Tauwerk eines Schiffs. »Na, endlich, da ist sie ja«, sagt Gottfried und zieht eine Kassette aus dem Stapel Unordnung. Er nickt. Das ist richtig, das paßt, denkt er. Die Kassette verschwindet fast schon freiwillig im Recorder, und Gottfried zieht den Regler nach rechts. Die Musik springt die Fahrenden an wie eine Wildkatze, und endlich löst sich alle Mißstimmung auf.

»Noise, noise, noise, is for heroes«, singt Dave Vanian lauthals und überzeugend, »leave the music for zeroes!«

Eli begeistert sich augenblicklich und hämmert mit glücklich-verbissenem Gesichtsausdruck rhythmisch auf sein Lenkrad. Von Karl sind befriedigte Quietschgeräusche zu hören. Molcho wippt lautlos mit den Fußspitzen. Gottfried lehnt sich zurück und seufzt. Im Schminkspiegel der heruntergeklappten Sonnenblende rasen die ersten Häuser Hollands vorbei. Die Autoschlangen der Urlauber. Im Rückspiegel werden sie immer dünner, weichen zurück. Die gefalteten Gummiboote auf den Dächern sind gleich nicht mehr zu sehen.

Gottfried schließt die Augen und genießt den Augenblick. Geschafft, denkt er. So muß es sein, das darf nicht aufhören. Endlich. Die Tour beginnt. Amsterdam 248 Kilometer, zeigt das Schild neben der Autobahn. Das hört sich gut an. Das hier ist das Leben. Sein Leben. Das hier sind seine Freunde. Dieser Moment, das weiß er genau, bedeutet ihm alles. In diesem Moment, das Bild der Autobahn vor sich, die Dose Bier in der Hand, den Lärm der Musik, das Eins-Sein mit seinen Freunden: Das ist es. Hier und jetzt ist alles so, wie es sein soll. Keine falschen Schranken, keine falschen Worte, keine falschen Träume, ja, verdammt, keine falschen Träume, das hier ist ein richtiger, ein echter Traum, da kann Jutta sagen, was sie will, denkt Gottfried. Wie rotstichige Diapositive fehlbelichteter Filme tauchen in seinen Gedanken flackernd Bilder von früher auf, von seiner scheinheiligen Tante, von den Beerdigungen, das Bild seiner Mutter, seiner Schwester, seines Vaters, aber Gottfried fühlt sich in diesem Moment so richtig stark, er blickt diese Bilder geradezu an, stellt sich und seine Freunde auf der Autobahn daneben, und der Schrecken von früher verblaßt, wird rosa und durchsichtig, verweht im seltenen Glücksgefühl und im Fahrtwind des halbgeöffneten Beifahrerfensters.

Am frühen Nachmittag kommen sie in Amsterdam an, suchen auf der Karte das Universitätsviertel und fahren gleich dort vor, wo sie am Abend spielen sollen, das klappt ganz prima, Eli ruht sich hinten aus, und Karl und Gottfried lotsen Molcho durch das Gewirr der Einbahnstraßen. Alle Sorgen waren grundlos, ohne Probleme erreichen sie die angegebene Hausnummer, und die Clubbesitzer, zwei uralte Hippies mit wallenden, gepflegten langen Haaren und kunstvoll bestickten Jeans, warten schon und begrüßen jeden mit Handschlag. Sie zeigen ihnen ihren Raum, helfen sogar beim Ausladen und erklären ihnen, wie alles verkabelt wird. Molcho, Karl, Eli und Gottfried müssen natürlich alles selbst aufbauen, aber so schwierig ist das nicht, es bedeutet nur zwei Stunden konzentrierte Arbeit. Gottfried sitzt auf dem kalten Boden und stöpselt Stecker in passende Löcher, räumt die Mikrofone aus ihren Schaumstoffmänteln, rollt Kabel auf und ab, verlegt sie sorgsam auf den Steinfließen. Der Boden selbst klebt vor festgepapptem, getrocknetem Bier. Gottfried rutscht zur Kante der Bühne. So sieht das also aus, denkt er, von oben. Fast eineinhalb Meter tiefer ein schwarzer Abgrund. Schmieriger Boden und darüber, an gebrochenen Drähten gelblich-verfärbte Lampen.

Nach dem Aufbau machen sie einen kurzen Soundcheck, spielen drei ihrer insgesamt gerade mal sechzehn Lieder, und wenn sie Fehler machen, blicken sie einander unsicher an, allein die Tatsache, daß die beiden Hippies zuhören, strengt alle an. Über die bevorstehende Aufregung, wenn noch mehr Zuschauer da sein werden, die dann auch noch etwas bezahlt haben, spricht zu diesem Zeitpunkt keiner, ihre Gespräche meiden Psychologisches, schleichen statt dessen vorsichtig um technische Einzelheiten herum, der Sound ist begeisternd, da sind sie sich einig, laut und kompakt, allerdings, und das ist ganz anders als in ihrem Keller, hört man jeden einzelnen, präzise und greifbar, wie herausgemeißelt aus dem Relief ihrer Klangwand, und das erhöht den Leistungsdruck.

Danach sind alle wie erschlagen, sie wollen sich noch eine Stunde hinlegen, und Gottfried verzieht sich in den Transporter.

Als Gottfried aufwacht, ist es eine Stunde vor Mitternacht. Irgend etwas rüttelt, trommelt, wummert, klopft. Sein Kopf tut weh, fühlt nur noch taub, stumpf und pelzig, wie nach einer Schmerzspritze beim Zahnarzt. Wütende Zwerge treten ihre Stiefel an die Innenseite seines Schädels. Bis er merkt, was los ist, hat Eli schon die Seitentür des Wagens aufgerissen. Kalte Luft strömt über den mumienartig flachliegenden Gottfried, im flackernden, funzeligen Licht der Innenraumbeleuchtung wirkt der sich bildende Nebel wie ein Gruß der Grachtengeister. Eli schüttelt ihn wütend. Sein Schädel bläht sich vor den verschlafenen Augen von Gottfried, schwillt an und ab. Leuchtet wie ein Käfer, ein Glühwurm. Und fängt an zu tanzen.

»Wo bleibt ihr denn, es geht gleich los«, sagt Eli erregt, und in Gottfrieds Hirn knallen die Worte wie Schreckschüsse.

»Ja«, sagt er zögernd, »ich komme.«

Gottfried steht tapsend auf, greift nach dem Griff der zurückgeschobenen Tür, findet nichts, stochert mit gespreizten Fingern in die Leere, stolpert, stürzt, liegt Eli zu Füßen. »So viel habe ich doch gar nicht getrunken«, sagt Gottfried mehr zu sich selbst und muß sich eingestehen, daß er sich nicht mehr erinnern kann.

Dann bekommt er von Eli einen Tritt in den Bauch, nicht schlimm, eher mit gebremster, freundschaftlicher Wut. »Das hat mir Molcho auch gesagt, stimmt natürlich erstens nicht, und zweitens, willst du wissen, was wirklich los ist? Ihr habt Schiß, ihr habt die Hosen gestrichen voll! Ihr wißt genau, was da drinnen auf uns wartet, und da haben die Helden Angst, trauen sich plötzlich nicht mehr, da sind die großen Sprüche von daheim nichts mehr wert, da heißt es jetzt nämlich nur noch raus, und die Leute können alles mit uns machen, alles, und das wißt ihr, und deshalb verdrückt sich hier jeder!«

Gottfried hört die Worte nur gebrochen, denn über ihn flutet eine Welle des Schmerzes. Alles krampft in ihm, konzentrisch malmen glühende Bohrer ins Innerste.

»Komm jetzt«, sagt Eli, »Molcho stellt gerade die Verstärker an. Wir beide müssen Karl suchen!«

Sie brauchen fast zwanzig Minuten, bis sie ihn gefunden haben. Er liegt mit unnatürlich verwinkelten Gliedmaßen zwischen zwei mannshohen Paletten voll Heinekendosen und schnarcht. Der kleine Raum links hinter der Theke ist kalt, in der Luft liegt Lungenentzündung. Gottfried und Eli stützen ihn und erschrecken, als sie ihn durch das schwarze Loch des Saales Richtung Bühne bringen. Der Saal schluckt noch immer das Licht, aber im Innern der Dunkelheit wabert, wimmelt es, Maden, Larven, schwarz-graue Wesen, im glibbrigen Gemenge. Sie hören Wellen von Gesprächsfetzen, einzelne Pfiffe und Rufe, die, dazu muß man nicht Holländisch verstehen, nur eins heißen können: Wann, endlich, geht es los? Jetzt ist schon Mitternacht durch, und sie sollten nun wirklich anfangen. Hinter der Bühne schütten sie tatsächlich einen Eimer kaltes Wasser über den sich wehrenden Karl. »Leckt mich am Arsch«, sagt der, »leckt mich alle am Arsch«, und er rollt sich zusammen wie ein in Alkohol gelagerter Embryo vor der Wiedergeburt.

Eli blickt wütend auf Gottfried, und der sucht mit seinen Augen Molcho. Doch der steht nur da und lächelt und hat als erster seine Wettkampfruhe wiedergefunden.

»Kommt schon«, sagt er leichthin, »komm Karl, du weißt doch, handeln, Karl, handeln!«

Zehn Minuten später springt Molcho zur vorgezählten Vier-Und in die Höhe, ein Achtel vor dem ersten Takt, dem ersten Ton, Sekundenbruchteile vor der Explosion von Lärm, Licht und Gewalt, ein sehniger Körper gespannter Sprungfedern, die Beine verkreuzt im Sperrfeuer der Stroboskop-Blitze. In jenem Moment, wo die Füße den glitschigen Bühnenboden berühren, taktgenau wie noch nie, knallt die Musik los, und Karl, wiederauferstanden von den Toten, arbeitet am Schlagzeug, als schippe er Kohlen für die Heizkessel eines Ozeandampfers. Sein T-Shirt ist im Nu klatschnaß, und aus dem Schlitz über der Brust beginnt es zu dampfen. Gottfried nimmt für Sekunden den Blick vom Griffbrett seines Basses, schaut hinüber zu ihm und grinst: Jetzt ist Karl wieder ganz der Grubenarbeiter, gespannte Muskeln, Schweißperlen auf der Stirn, dreckverschmierte Unterarme, die Stöcke wie Hammer und Meißel führend: ein Monument des Frühkapitalismus.

Molcho steht am Bühnenrand, kennt keine Hemmungen, schreit seinen Text, er zelebriert, er brüllt die Psalmen seiner wütenden Messe, er kniet, verdreht und windet sich. Aus seinem Mund drängt eine ganz ungewohnte, haßerfüllte Stimme, eine brüllende Klage, eine Klage, die Steine erweicht, ein unartikuliertes Leiden, das die Welt und sich selbst verspottet, und Karl, Eli und Gottfried liefern das Begleitgedröhne dazu. Irgendwo strömt Nebel, Molcho verschwindet hinter einer Wand des Nichts, nur seine Stimme steht als Kriegerdenkmal über diesem stockenden, spuckenden Klang-Inferno, in dieser vernichtenden Links-rechts-Box-Kombination aus Inszenierung und Lärm.

Gottfried ist zunächst seltsam unberührt. Am meisten wundert er sich. Alles klappt, die Einsätze stimmen, die Lieder klingen richtig gut, die Musik federt durch seinen Körper, es sind die Klänge, die sie immer wollten, Klänge, die Blut gerinnen und Augen tränen lassen, strömend wie Schleusenwasser aus den wogenden Membranen und Fellen von Boxen und Trommeln, pulsierendes Schwarz in verschlingender, graublauer Nacht. Gottfried spannt die Arme und hämmert auf seinen Baß ein. Er führt ihn auf und ab, wie einen Preßlufthammer. Und Eli: Er hält den Kopf gesenkt, konzentriert auf sein Instrument, und findet doch den Rhythmus, um zu hüpfen, auf der Stelle, auf und ab, und selbst in dieser monotonen Bewegung noch nimmt er es wahr: Die Leute brüllen nach dem ersten, nach dem zweiten Lied, sie schreien und klatschen. Aufgeputscht wie Hooligans bei einem Auswärtsspiel. Unfaßbar für alle, und deshalb spielen sie sofort das nächste Lied, so muß keiner etwas dazwischen sagen.

Nach einer halben Stunde merken sie, daß sie fast alles schon gespielt haben, aber auch das macht nichts. Die Leute klatschen sie nach ihrem letzten Song zurück auf die Bühne, und sie fangen einfach von vorne an, obwohl jetzt schon alles nicht mehr so gut klappt. Und dann verstummt irgendwann der Lärm, rauscht nur noch nach in den Ohren, wie ein stürzender Wasserfall.

Gottfried steht an der Bar, über dem nassen Hemd einen Kapuzenpulli, den Reißverschluß aufgezappt. Hinter ihm brodelt das Dunkel des Raumes noch, und Gottfried sieht Eli auf der Bühne: Er lächelt und lächelt und winkt irgendwelchen Leuten, er ist selig, das ist sein Selig-Sein, so muß es sein. Gottfried hält eine eiswürfelgekühlte Wodkamischung in der Hand und lächelt jetzt auch. Er schüttelt den Kopf. Fast dreihundert Leute sind da, viele Amsterdamer, aber auch erlebnishungrige, jugendliche Touristen, auf der Durchreise. Alle sind verschwitzt und durstig und drängen sich neben ihn, ihre Augen schwimmen in Tinte, und erst im harten Licht der Barbeleuchtung sieht man, daß der Rauch und die Anstrengung ihnen zugesetzt haben, Äderchen im Weiß haben platzen lassen. Die Luft steht wie frisch angerührter Tapetenkleister über ihren Köpfen, Schweiß perlt im Flackerlicht zu mikroskopischen Tröpfchen. Haschpfeifchen wandern, Lippen saugen, und die Droge scheint die Schädeldecken der Konsumenten leicht zu heben.

Auch Gottfried sieht bald nicht mehr klar. Er ist jetzt umringt von jungen Frauen, blond und drall und so zugekifft, daß ihnen die langen Haare wie Stricknadeln vom Kopf wegstehen müßten. Marejke heißt die eine. Er erfährt es erst später. Sie stellt sich frech neben ihn, grinst und greift dann mit mutvoller Enthemmung zwischen seine Beine. Gottfried nimmt alles nur noch zeitverzögert wahr, so muß es in einer Weltraumrakete beim Start sein, denkt er, die Zeit verändert ihr Gesicht, sie fließt nicht mehr, sondern bewegt sich in Schüben, flockt wie verdorbene Milch gebrochene Wahrnehmungen aus, die fest und fester werden, wie das Fleisch in seiner Hose. Schließlich liegen sie erschöpft in dem kleinen Raum hinter der Bühne, und beide sind nackt. Es hat fast dreißig Grad im Raum, und sie kleben aneinander, und Marejke ist höchstens sechzehn, die Haut ihrer Stirn übersät von jugendlicher Unreinheit, fühlt sich an wie Sandpapier, aber heiß, feucht, sinnlich.

Als Gottfried wieder aufwacht, ist das Licht aus. Es friert ihn, und er schlingt sich ein Tuch um den nackten Leib. Barfuß und fakirgleich unbeeindruckt schreitet er über die Scherben in der Mitte des Saales, der jetzt nur noch von einer Niederspannungslampe befunzelt wird. Eli ist noch wach. Er lehnt an der Theke, und mit einem Bleistiftstummel macht er sich irgendwelche Notizen, auch seine Augen sind rot wie nach einer Spülung mit Chlor. Achselzuckend weist er Richtung Wand. An die Heizung mit seinem Ledergürtel gefesselt, hängt Karl wie ein Opfer von Straßengewalt, wäre da nicht sein kindlich-entspannter Gesichtsausdruck.

»›Ich gehe hier nicht mehr weg‹ hat er gesagt, gleich zweimal, bevor er eingeschlafen ist«, erklärt Eli.

»Wo ist denn Molcho?« fragt Gottfried. »Keine Ahnung, egal.«

Gottfried sieht, daß es ihm wirklich egal ist. Eli ist nicht mehr berührbar von den Dingen dieser Welt. Er steht nur da und lauscht einer Stimme im Innern.

5

»Fast zwei Wochen! Fünf Auftritte!« Um Karls Stimme rankt sich der Triumph glitzernd wie goldener Weihnachtsflitter. »Ja, fünfmal haben wir in Amsterdam gespielt, das ist mehr, als wir uns je erhofft haben. Und dann das Geld … mmmh, tja, das ist schon nicht schlecht.« Karl bekommt vorerst keine Antwort, aber er sieht nicht so aus, als erwarte er eine. »Wegen mir kann es so weitergehen.«

»Mach langsam, Karl«, antwortet Molcho, »mach langsam.«

Körperlich sind sie alle einigermaßen erschöpft. Als sie ihr Zeug wieder eingepackt haben und auf die Autobahn Richtung Frankreich einbiegen, spürt Gottfried ein großes Gewicht im Bauch, eine tiefsitzende Müdigkeit, die aus schlafschweren Augen den kommenden Ereignissen skeptisch entgegenblickt.

»Vielleicht haben wir uns übernommen«, stöhnt Eli, der abgenommen hat, was bei ihm schwer vorstellbar erscheint, aber Gottfried sieht es an seinen flachen Wangen, die nun noch tiefer liegen als ohnehin und die ihn alt machen. »Aber es hilft alles nichts, wir müssen weiter, es ist abgemacht.«

»Geld«, schmatzt Karl und ignoriert die Worte Elis, »richtig Geld. Das ist doch auch etwas. Wir haben Geld verdient, in zwei Wochen so viel wie sonst in einem Monat. Diese Kifferbude, das war die reinste Goldgrube.«

Er quetscht die Worte zwischen seinen Backen, so als wolle er aus dieser Buchstabensuppe in seinem Mund das Äußerste an Geschmack, Genuß und Selbstzufriedenheit hervorkauen. »Richtig viel Geld. Wir schwimmen in Geld, Molcho, Eli. Und deswegen ist alles gar kein Problem. Wie schon gesagt: Wegen mir können wir so weitermachen. Wir *müssen* aber nicht. Wir *können* irgendwo auftreten, wir *müssen* aber nicht, zumindest vorläufig nicht. Wir können tun, was wir wollen. Laßt uns doch Pause machen, Urlaub in Frankreich. Oder?«

Eli schüttelt entschieden den Kopf. »Wir haben uns angekündigt bei Danielle und Régine, oder genauer gesagt, ich habe uns angekündigt, und sie haben einem alten Bekannten einen Gefallen getan und den Auftritt vereinbart, und sie haben Juttas Plakatentwürfe geschickt bekommen, und sie haben sie hoffentlich auch kopiert, geklebt und verteilt, und, und, und. Es sind *meine* Bekannten, und ich stehe im Wort. Wir fahren nach Paris! Übermorgen müssen wir da sein!«

Die Fahrt ist lang, und sie wechseln einander jetzt in kürzeren Abständen am Steuer ab, aber mehr und mehr haben alle schwere Beine, Beine, in denen sich Müdigkeit wie Grundwasser sammelt. Die Nacht ist naß, kalt und von der Schwärze eines Faustschlags. Gischtend und geißernd zischen die Pneus über die Autobahn, in der die Spurrillen wie Gleise nach nirgendwo den Wagen auf Kurs halten. Der Regen schlägt auf das Autodach, und selbst die Einheimischen fahren mit großer Vorsicht. So sprühen sie sich hinab auf der Landkarte, von Amsterdam nach Rotterdam, von dort an Breda vorbei. Auf der Höhe von Bergen passieren sie eine Grenze, eine Anlage, die im ersten Licht des anbrechenden Tages aussieht wie eine verlassene Filmkulisse, in der die Techniker vergessen haben, den Strom abzustellen. Gottfried sitzt für die nächsten zwei Stunden am Steuer. Das Morgengrauen weht ihm pulsierend wattige Grauschleier vor die Scheibenwischer, die Fahrbahn ahnt er manchmal mehr, als daß er sie sieht. Gegen sechs Uhr in der Früh übernimmt Karl. Sie zischeln im hervorquellenden Berufsverkehr an Antwerpen vorbei, streifen Mecheln und Brüssel. Gegen Nachmittag sind sie in Mons, und danach endlich überqueren sie die Grenze nach Frankreich.

In Valenciennes passiert es dann. Kurz hinter dem Ort sind sie von der Autobahn abgefahren und stehen an einer namenlosen Raststätte. Es ist ein beschissener Schlechtwetter-Nachmittag, und alle wollen nur das eine: nichts wie weiter.

Im Regen sieht es so aus, als wolle der Abend schon dämmern. Die Sicht ist lausig schlecht, und der Wind schleicht um die müde parkenden Wagen, rüttelt an Hecken und Bäumen, gelangweilt-routiniert zunächst, und dann wutentbrannt, rüpelhaft, cholerisch.

»Ich muß noch mal«, sagt Karl, als sie eigentlich weiterfahren wollen und er sich schon neben Gottfried in den Laderaum gelegt hat, denn sie beide haben jetzt Pause, Molcho fährt, Eli liest die Karten. Karl schiebt die Seitentür auf, »...bin aber gleich zurück, dann können wir weiter.«

Gottfried zögert kurz, prüft seinen Druck, läßt die Vernunft die Müdigkeit besiegen und meint dann: »Warte, Karl, ich komme mit.«

Er steigt hinten aus und läuft Karl hinterher, der schon einige Schritte Vorsprung hat.

»Ich rauche noch eine«, sagt Molcho und steigt ebenfalls aus. Eli tut es ihm nach, und sie gehen einige Schritte. Beim Zurückkommen kontrolliert Eli nur mit einem flüchtigen Blick durch die beschlagenen Scheiben in den Hinterraum, ob seine Freunde zurück sind. Karls Baseballmütze ragt aus seinem aufgeschlagenen Schlafsack, von Gottfried ist zwar nichts zu sehen, aber das muß nichts bedeuten.

»Die haben sich hingeknallt«, sagt Eli zu Molcho und schließt die Fahrertür.

»Dann können wir ja«, meint Molcho und räkelt sich zurecht. Minuten später pflügt der Wagen wieder durch die Gischt, vorbei an Lkw-Fahrern, deren Gesichter sich rot, blau und grün verfärben im Schein der bunten Lichterketten, die ihre Führerhäuser einrahmen.

»Noch einen«, sagt in diesem Moment Karl. Er sagt es mit dem brüchigen Ton desjenigen, der sich seine wenigen Worte Französisch bei den anderen abgelauscht hat. Die Bedienung merkt ihm seine Unsicherheit an, sie lächelt und schenkt noch einen aus.

Gottfried stößt seinen Freund in die Seite. Er gähnt. »Mir auch noch einen. Dann müssen wir aber los, die anderen warten.« Gottfried zögert. »Vielleicht sage ich ihnen, daß wir hier noch einen trinken, was meinst du?«

»Kann nichts schaden«, antwortet Karl und strahlt die junge Frau hinter der Theke, die er nicht verstehen kann, an. Sie lacht fröhlich zurück, zwinkert mit den Augen und wendet sich dann ab, um Gläser zu spülen.

Als Gottfried zurückkommt und mit einem Fuß die Schwingtür aufstößt, sind seine Haare vom Regen naß, stehen schief wie die eines falsch verklebten Toupets. Er kommt rasch näher, und seine Augen schreien es noch lauter als sein Mund: »Scheiße, Karl, sie sind weg, einfach weg, der Wagen ist weg!«

Karls glückstrahlendes Lächeln fällt in sich zusammen wie ein Schornstein nach der Sprengung. Er rutscht, plötzlich erschlafft, von seinem Plastikhocker, kippt den Rest seines Cognacs dabei um und schwankt an Gottfried vorbei hinaus in den Regen.

Sieben Stunden später, es ist etwa gegen ein Uhr, kommen ihnen beiden dann die ersten Zweifel, ob die Parole »Wir warten einfach« noch Erfolg bringen wird. Wie nur noch halbgefüllte, in sich zusammengesunkene Kartoffelsäcke sitzen sie in einer Ecke der Raststätte. Gottfried hat mit den Resten seines Schulfranzösisch versucht, der Bedienung klarzumachen, was geschehen ist. Sie hat gelacht bei seinen Worten, immer nur gelacht, und Gottfried zweifelte daran, ob er auch nur annähernd erklären konnte, was los war. Jedenfalls durften sie ohne zu bestellen in der Raststätte warten.

»Das gibt's doch gar nicht«, sagt Gottfried jetzt ein weiteres, ungezähltes Mal.

»Ach, Scheiße, das hast du nun oft genug gesagt. Laß uns lieber überlegen, was wir tun sollen.«

»Die müssen doch irgendwann etwas merken, oder meinst du, Sie haben es absichtlich getan?«

»Quatsch! Gibt ja gar keinen Grund dafür. Sie haben entweder mal wieder nichts gedacht, oder ...«, Karl zögert, »...oder *ihnen* ist etwas passiert, das Auto ist gekapert worden, oder sie hatten einen Unfall, oder, oder, oder.« Er zuckt mit den Schultern. »Jedenfalls müssen wir jetzt handeln, sonst sind wir aufgeschmissen.«

»Sind wir ohnehin«, antwortet Gottfried und erntet dafür einen bösen Blick.

Er senkt die Augen und stiert auf den unbesetzten Nebentisch, als wolle er laserstrahlbrennend Löcher ins Plastik schmelzen. Die Müdigkeit hat beide mittlerweile gemein gepackt und ihnen glühendes Metall in die Augen gegossen. Schlimm ist auch der heiß-kalte Schmerz in den Beinen. Eine Macht aus einer anderen Welt hat bremsenden Sand in die Maschine der Zeit gestreut, irgend jemand hat beim Videofilm ihres Lebens die Slowmotion angeschaltet, und die belichteten Einzelbilder zucken zitternd über die Mattscheibe, jede Bewegung sieht aus wie beim ersten Spaziergang des Menschen auf dem Mond. Statt irgend etwas zu tun, wie Karl es wollte, schlafen sie irgendwann ein, sie bemerken es erst, als das Erwachen sie anspringt wie ein Alien, das ihnen Säure ins Gesicht spuckt und ihnen seine klebrigen Gliedmaßen um den Schädel schnürt.

Gottfried spürt zwei dumpfe Schläge, sie klingen wie die Explosionen von Feuerwerkskörpern, die man in eine leere Mülltonne geworfen hat. Als auch Karl die Augen aufkneift, lächelt ihm ein freundlicher Franzose entgegen, der sich an ihren Tisch gesetzt und zweimal mit der flachen Hand auf die Platte geschlagen hatte. Der etwa dreißigjährige Mann schießt seine Worte im Dauerfeuertempo ab, tacktacktackertacktack. Die Nasale schlagen wie Granaten in aufgeweichten Lehmboden, wühlen die Oberfläche des Denkens auf, graben den Gedankenboden um, kehren die ungeschützte Seite nach oben.

»Ich versteh' kein Wort«, sagt Karl zu Gottfried, und der nickt: »Ich auch nicht. Er scheint aber nett zu sein, will uns wohl helfen, deutet dauernd zur Bedienung rüber.«

Der junge Mann trägt tatsächlich eine Baskenmütze und dazu einen selbstgestrickten Pullover, der schon einige Löcher hat und unter dem der verwaschene Hemdkragen hervorlugt.

»Ich glaube«, sagt Gottfried plötzlich, »ich glaube, der will uns mitnehmen.«

»Paris?« fragt Karl, »Paris?«

Der Franzose nickt und gibt ihnen die Hand. Karl strahlt plötzlich wieder und grinst die Bedienung mit dem schönsten Lächeln des Abends an. Sie winkt, müde und achselzuckend. Auch Gottfried nickt ganz langsam und versucht ein dankbares Grinsen.

Durch das zerfressene Bodenblech des Fiats kann man den dahinjagenden Teer sehen und die Bodenwellen, die dem Auto rhythmische Schläge in den Unterleib geben. Das Wasser in den Spurrillen spritzt durch die Rostlöcher wie durch eine Düse, zischt hoch zu den Rücksitzen und näßt Karl und Gottfried die Waden.

»Das darf alles nicht wahr sein«, flüstert Gottfried und faßt an die unterkühlten Beine. »Scheiß-Wasser, Scheiß-Kälte, Scheiß-nasse-Hosen. Scheiß-bekiffter-Franzose!«

Karl versucht offenkundig zu meditieren und hält die Augen geschlossen. Als er sie wieder öffnet, greift er nach seinem Geldbeutel, entnimmt vier Tabletten ungewisser Herkunft sowie ungewisser Wirkung und gibt Gottfried zwei davon.

»Schlucken!« befiehlt er.

Ohne Wasser zum Nachspülen, ohne Nachdenken, ohne alles, schlucken sie. Im Hals klebt und würgt es, doch dann sind sie drunten.

»Wir werden sie brauchen«, meint Karl und deutet auf ihren Fahrer, der die ganze Prozedur im Rückspiegel nachsichtig verfolgt hat.

»Als er den Joint rausholte«, fährt Karl flüsternd fort, »da dachte ich, das gibt's doch gar nicht. Hilft aber alles nichts. Ihn einfach fahren lassen. Jede Minute bringt uns Paris näher.«

Die Tachonadel hat sich bei 160 eingezittert. Paul, so hat er sich vorgestellt, scheint plötzlich eine Idee gekommen zu sein. Er beugt sich nach vorn, drückt einen Knopf, und aus der Dunkelheit über dem Beifahrersitz entfaltet sich britzelnd ein schwarz-weißes Fernsehbild. Der 25-Zentimeter-Bildschirm ist eingeschalt in offenbar selbstgesägte Preßspanplatten, innerhalb derer sich allerdings der Winkel des Geräts ändern läßt. Paul ruft irgend etwas nach hinten und dreht den Schirm, so daß auch Karl und Gottfried sehen können. Paul schaltet durch und bleibt dann beim Videoclip eines Popsongs stehen. Mit beiden Händen hämmert er auf das Steuerrad, er wippt mit und reckt triumphierend den Daumen. »Uuhuuuhuuu«, heult er vor Vergnügen.

Gottfried dreht sich um und blickt auf die zischenden Meter und Kilometer, denen sie enteilen. Hinter ihnen schließt sich die wirbelnde Gischt wie das Schicksal um ein ablaufendes Leben. Alles strebt weg und kommt doch näher. Zeit und Raum des definitiven Nichts rückten heran wie eine Pulverschneelawine, die Ewigkeit verkürzt ihre Fronten, und zum ersten Mal in seinem Leben denkt Gottfried, daß es das nun wohl war.

»Jean-Paul Belmondo!« sagt Paul Sekunden später mit stolz-wahnsinnigem Lachen, und er klopft sich mit zwei Fingern auf die Schulter.

»Was meint er?« fragt Karl.

»Jean-Paul Belmondo!« ruft Paul, als habe er die Frage verstanden, und vergnügt sich an der Unsicherheit der beiden. Plötzlich klopft Pauls rechte Hand nicht mehr auf seine Schulter. In der Faust hält er jetzt nämlich eine Waffe, eindeutig eine Automatikpistole, silbern glänzend und geradewegs auf Gottfried gerichtet.

Sie sind viel größer, als man so annimmt, denkt Gottfried.

»Police, police!« schreit jetzt Paul und richtet schließlich den Lauf auf seine Brust. Das Steuer des Wagen rattert nahezu führungslos, Paul kramt mit der anderen Hand nach seiner Dienstmarke oder einem Ausweis. Eine gischtende Wand schlägt auf die Windschutzscheibe, auf dem Bildschirm läuft eine Game-Show, in der sich glückliche Gewinnerpaare gerade umarmen, der Motor brüllt im roten Drehzahlbereich, und Gottfried versucht, seinen Frieden mit der Welt zu machen.

Karl sagt schon eine ganze Zeit lang gar nichts mehr. Aber irgendwann fängt er an, tief und tiefer zu atmen, zu pumpen, wie ein Maikäfer vor dem Abflug. Dann preßt es aus ihm heraus: »Ich muß hier weg«, sagt er, »sofort.«

6 Der Regen hatte nur für eine kurze Pause nebelnden Durchatmens aufgehört. Nach etwa einer halben Stunde nieselte es schon wieder, und mit jeder Minute schienen sich die Tropfen zu blähen. Gottfried und Karl standen zitternd vor Kälte auf dem Mittelstreifen. Eineinhalb Meter feuchten Grüns, zwischen dem kilometerlangen Band der Autobahn und dem Donnern und Zischen der Nachtfahrer.

Gottfried war durchnäßt und fror erbärmlich, Karl hatte alle Rücksichten fallen lassen und sich in den Matsch gesetzt, mitten rein und immer noch schimpfend: »Wenn ich den erwische, wenn mir der noch einmal begegnet, dann geht das böse aus für ihn, Polizist hin oder her! Hält der auf der Überholspur an! Auf der Überholspur!! Das glaubt uns keiner.«

Gottfried hielt sich beide Hände an den Kopf. »Aaah«, jammerte er.

Schmerzen fluteten beißend durch sein Hirn, durch seine Augen, die jetzt rot waren wie die weißer Kaninchen. Es war jetzt vier Uhr morgens, und allmählich war ihm alles zuviel. Die letzte Woche in Amsterdam war auf ihre Art hart gewesen, aber das hier war schlimmer. Zwanzig Stunden ohne Schlaf ritzten an seinen Nerven. Gottfried fühlte die Wehrlosigkeit ihrer Situation, und die Einsamkeit hier auf dem Mittelstreifen umarmte ihn wie ein treuloser Freund. Ein Blitz zuckte vom Himmel und schoß eine Momentaufnahme der Erschöpfung. Gottfried konnte nicht mehr anders. Primitivste Schutztriebe und gute Ratschläge der Kinderzeit waren außer Kraft gesetzt. Es war alles egal. Er setzte sich neben Karl. Schulter an Schulter saßen sie im kalten Schlamm.

»Wir haben hier keine Chance«, sagte Gottfried einiges später.

»Ja«, antwortete Karl. »Nichts ist verbotener, als auf den

französischen Autobahnen rumzulaufen. Oder es womöglich per Anhalter zu versuchen. Wir müssen hier weg, mindestens bis zur nächsten Ausfahrt. Querfeldein ist, glaube ich, nicht empfehlenswert, da verlaufen wir uns hoffnungslos.«

»Dieser miese Polizist. Der wußte ganz genau, daß es verboten ist und daß wir hier nicht weiterkommen. Wir müssen warten, bis es hell ist.«

»Na ja, vielleicht hast du recht. Kann ohnehin nicht mehr lange dauern«, antwortete Karl.

Sie hatten sich schon zum Warten entschlossen, da – plötzlich – entdeckte sie das Glück wieder. Karl saß noch regungslos und fühlte gerade, wie ihm der Unterleib abfror, als er die Augen zusammenkniff. Da tat sich doch etwas? Das Rasen der Autos stockte am Horizont, der Verkehr schien ganz weit da vorne zu gerinnen, das bewegte Blech der Karosserien formte langsam Doppelschlangen, rote und gelbe Bremslichter reihten sich wie beim Sommerfest einer Kleingartenanlage hintereinander.

»Irgendwas ist da vorne los«, sagte Karl, und auch Gottfried blickte auf, »vielleicht ein Unfall?«

Gottfried zögerte, nicht nur sein Unterleib war mittlerweile gelähmt, sondern auch die Gedanken. Dann kam es ihm: »Nein, Karl, das ist vielleicht doch kein Unfall! Das ist vielleicht eine Mautstelle.«

Zeitlupenmühsam stand Karl auf, ein Zombie, ein Scheintoter, dem frischen Grab entstiegen, ein frühvergreister Jüngling, die Schmerzen so schwer und tief wie das Grau unter seinen Augen.

»Los, wir gehen nach vorn. Laß uns schauen, was es ist!« befahl er.

Nach fünfzig Minuten sahen sie die Abfertigungsstelle. Im verschwommenen Meer ihres unscharfen Blicks trieben Dutzende von Bremslichtern wie Leuchtquallen in mondbeschienenen Küstengewässern.

»Da vorn steht doch jemand«, sagte Gottfried. Natürlich stand dort jemand, das konnte man doch sehen.

Aber tatsächlich, Karl zuckte zusammen. »Ja«, sagte er zögernd, »da steht jemand, und ... das könnten sie sein ...«

Zwei glimmende Punkte. Zwei Männer, die an einem Zaun am Seitenstreifen lehnten. Ab und zu das Heben des rechten Armes, das Kippen des Kopfes, die typische Bewegung der Flaschenkinder. Als es noch dreißig Meter waren, erkannten sie einander. Noch im Laufen riß sich Karl seine nasse Jacke und das T-Shirt vom Leib, im Hüpfen streifte er die vollständig verdreckte Hose ab. Gottfried schaffte nur noch Pullover und Hemd, und so, halbentkleidet, fielen sie den anderen in die Arme. Scheinwerferstrahlen zuckten über bloße, ungebräunte, verletzliche Haut. Ein Peugeot fuhr an ihnen vorüber, aus den Fenstern hingen die Köpfe lachender junger Frauen, die mit wirbelnden Fingern auf Karl zeigten und freche Worte herüberschrien.

»Ich muß schlafen«, sagte der bloß noch, warf sich, so wie er war, auf die Matratze im Laderaum und war sofort eingeschlafen.

»Keine Fragen, o.k?« sagte Eli.

Gottfried schaute ihn an und wollte Wut und Böse-Sein in diesen Blick legen, aber es gelang nicht. Er schüttelte nur den Kopf. »Laß uns fahren. Ich lege mich zu Karl.«

Als Gottfried erwachte, schlichen sie gerade durch die Vororte von Paris.

»Schneller geht es nicht«, sagte Molcho vom Beifahrersitz her, noch bevor Gottfried fragen konnte. Ein geballter Sturm wölbte sich wie ein gewrungenes Handtuch aus einer das Land erfassenden Schlechtwetterfront und ließ den Regen vor ihren Augen aufwirbeln. Es war noch Spätsommer, und die Welt hätte eigentlich lachen können vor Sonne und Sinnenlust, aber dieses atlantische Tief trieb Böen durch die Straßen, bog Bäume, als wären sie aus Weichgummi, unterspülte Dächer, feuerte Regentropfen wie Gewehrfeuer waagerecht zwischen den Häuserblocks hindurch. Die düstere Stimmung lastete wie der Daumen eines übellaunigen Riesen auf dem Autodach. Gottfried schob sich schniefend aus dem Schlafsack und warf einen Blick auf Karl. Er schlief noch, wälzte aber unruhig den Kopf, seine Wangen glühten dunkelrot, Schweißperlen rannen immer wieder von seiner Stirn, zeichneten im wechselnden Licht Schattierungen wie in einem Air-Brush-Gemälde.

Eli wandte kurz seinen verkniffenen Blick von der Frontscheibe ab und zog einen zerknitterten Zettel aus seiner Tasche. »Ich halte gleich mal an. Hier muß es nämlich sein. Nummer 47 B. Endlich. Bin todmüde.« Sie bremsten, Eli stieg aus, um die Band bei seinen Bekannten anzumelden, und Gottfried setzte sich auf den noch warmen Platz hinter dem Steuer. Zwanzig Minuten vergingen. Dann kam Eli zurück, sein Blick trübe vor Wut. In einer Hand hielt er jetzt zwei Zettel, seinen eigenen, kleinen, und einen größeren, der dicht beschrieben war. Er stieg bei Molcho ein, setzte sich schnaubend und schüttelte den Kopf.

Ja und? wollte Gottfried fragen, aber er verkniff es sich.

»Sind nicht da«, sagte Eli endlich.

»Was??« riefen Gottfried und Molcho gleichzeitig.

»Hört ihr schlecht?« schrie Eli, und seine Stimme war brüchig. »Dann sage ich es euch noch einmal: Sie sind nicht da!! Verdammt! Es war klipp und klar ausgemacht. Und sie wußten es auch, hier der Zettel, der beweist es doch. Der hing an der Tür. ›Cher Eli, Konzert geplatzt. Club hat geschlossen. Wir sind für ein paar Tage weg‹, schreiben sie, schreiben sie einfach, ›sind in die Provence zu Freunden. Kommen aber Sonntag zurück. Bis dann.‹«

»Heute ist Dienstag«, murmelte Molcho. »Schöner Mist.«

»Ist vielleicht alles gar nicht so schlecht«, sagte Gottfried nach einer Weile. »Schaut euch mal Karl an. Der hat Fieber. Und ich bin auch nicht gerade fit.«

»Ach, Blödsinn, ich habe kein Fieber«, brummelte es da von hinten, und alle drehten sich um. Karls Kopf erschien hinter einer Verstärkerbox, er fuhr sich mit der Hand durch die Haare und grinste sie schließlich schief an. »Ich bin bloß müde, einmal richtig ausschlafen, und alles gibt sich wieder, glaubt mir.«

»Laßt uns irgendein billiges Hotel suchen«, bestimmte Eli irgendwann entschlossen, und als sie endlich eins gefunden hatten und sechs Stockwerke hochgestiegen waren und sich auf die beiden Zimmer verteilt hatten, da fiel Karl ins Bett und schlief einen sechzehnstündigen Schlaf.

Am Tag danach stand er fiebernd auf, ging in eine Apotheke und kaufte für umgerechnet zweihundert Mark Medikamente, von Vitamin- und Kopfwehtabletten über Grippemittel und Hustensaft bis hin zu einem Asthmatikum, von dem er behauptete, daß es Tote zum Leben erwecken könne, vor allem in Verbindung mit ein paar Flaschen Bier. Noch am selben Morgen gab er persönlich zusammengestellte Arzneimittelzuteilungen an sich und seine drei Freunde aus, da mittlerweile alle erkältet und depressiv waren. Was Gottfried anging, so konnte er nur sagen, daß die Pillen halfen. Zwar schäumten die Säfte des Magens, zwar prickelte unvermuteter Schweiß bei der kleinsten Anstrengung. Aber er fühlte sich gut. Karl hingegen hatte weniger Glück. Noch am selben Tag brach er in den Interferenzen hochreaktiver medikamentöser Wirkstoffkombinationen zusammen. Fieber und Kälte schüttelten ihn gleichzeitig, und so lag er delirierend auf dem Bett, Eli tupfte ihm die Stirn ab, Molcho wechselte die gekühlten Handtücher an seinen Waden, und Gottfried flößte ihm Kamillentee ein.

»Was wir brauchen, das ist Urlaub«, sagte Molcho irgendwann, und niemand widersprach.

»Können wir ihn denn transportieren?« fragte Gottfried.

»Natürlich!« Eli lachte, »Er ist doch nur erkältet, nicht schwer verletzt. Außerdem ist es im Bus auch nicht wesentlich weniger komfortabel und warm als in dieser Absteige hier«, führte Eli aus und deutete auf die durchgeschlagenen, bandscheibenschädigenden Matratzen.

»Wir könnten Danielle und Régine in der Provence besuchen«, meinte Molcho zögernd, und, an Eli gewandt: »Sie haben dir immerhin Adresse und Telefonnummer auf dem Zettel hinterlassen, und wenn wir noch heute nacht losfahren, könnten wir morgen dort sein, natürlich nur, wenn du meinst, daß das in Ordnung ist.«

»Na ja«, sagte Eli, »sie können wohl nichts dafür, daß das Konzert ausfällt, und vielleicht haben sie auch versucht, mich noch zu Hause zu erreichen. Vielleicht hast du recht, vielleicht ist das keine schlechte Idee, da unten wird es ja wohl noch warm sein in dieser Jahreszeit.«

»Jedenfalls wärmer als hier«, meinte Gottfried.

»Wir fahren also einfach los und machen ein, zwei Wochen Urlaub da unten, egal ob bei Danielle und Régine oder sonstwo?« faßte Eli die Lage noch einmal zusammen. »Sind alle einverstanden? Wir fahren auch, obwohl Karl krank ist, wir fahren dorthin, wo es sicher wärmer und besser für uns alle ist?«

»Immerhin haben wir Geld genug; o. k. von mir aus, das machen wir«, antwortete Karl.

Die Frau hinter der Rezeption sah nicht so aus, als bedauere sie die Entscheidung, das Hotel noch in dieser Nacht zu verlassen. Molcho hatte jetzt ganz die Verantwortung übernommen und fuhr die Strecke durch. Karl lag sorgsam eingebettet zwischen den zwei großen Baßboxen. In dieser Nacht delirierte er wieder, brabbelte unverständliches Zeug, und sein Schlafsack dampfte vor Fieber und Schweiß.

Nach dreizehn Stunden hatten sie es geschafft. Der Himmel flutete in endlosem Blau über den Horizont. Ganz weit weg, ganz am Ende des fliehenden Landes blinkte das Meer, sichtbar vom Hügel aus, wo sie kurzen Halt gemacht hatten, ein haarfeiner Riß im azurnen Ozean des Firmaments. Bei Toulon erreichten sie die Küste und fuhren dann durch zahlreiche kleinere Dörfer, auf kleinen, engen Feldwegen. Am frühen Nachmittag erreichten sie das kleine Landhaus, das laut Danielles Zettel dem Vater ihres Bekannten gehörte.

Sie stellten einander vor, es war ein wenig mühsam, da nur Eli dolmetschen konnte. Danielle, Régine und ein etwa vierzigjähriger, hagerer Mann, Hébert, lächelten höflich, aber sehr reserviert.

»Wer hier wohl mit wem ...«, flüsterte Molcho Gottfried ins Ohr und grinste. Gottfried verzog keine Miene, da Hébert ihn gerade direkt anschaute.

»Sie sind nicht gerade begeistert«, sagte Eli, als Stille die Atmosphäre zu verkrampfen drohte. »Aber sie haben auch nichts dagegen, daß wir ein paar Tage bleiben, Platz jedenfalls ist genug.«

Gottfried nickte eifrig und bemühte sich, freundliche Heiterkeit auszustrahlen. Sie tappten zum Wagen zurück, weckten Karl und packten das Notwendigste aus.

Eine Stunde später, im Schatten eines Feigenbaumes auf der Terrasse liegend, ein Glas Wein in der Hand, sah die Welt ganz anders aus. Die Hitze stand in der Luft, Mauern und Ziegel des kleinen Hauses wallten backene Luft. Zikaden schnarrten und zischelten böse, unvermittelter Windzug raschelte durch Schilf, scharf wie der Haß kleiner Kinder. »Ganz gut«, sagte Molcho, »daß keiner von uns Französisch kann, da müssen wir wenigstens nicht auf Harmonie und Kommunikation machen, das wäre mir jetzt wirklich absolut zuviel.« Von Karl kam als Antwort ein bestätigendes, zufriedenes Grunzen. Er hatte die Fahrt ganz gut überstanden, aber die Krankheit stand noch deutlich in seinem Gesicht. Karl saß in einem ausgefransten, alten Korbsessel, hatte einen zerfetzten Sombrero vom Durchmesser eines Lastwagenreifens auf dem Kopf und hielt einen Tonkrug in Händen, aus dem er große Schlucke Flüssigkeit zu sich nahm, Wasser und Wein im Verhältnis zwei zu eins. Er schwitzte fiebrig. »Danke, Jungs«, sagte er irgendwann, aber niemand antwortete. Auch Gottfried nicht, aber er hörte die Worte und fühlte sich hingezogen zu seinem Freund, genau wie Molcho, dessen Blick Gottfried erhaschte, sie lächelten einander zu und mußten nicht reden, um sich zu verstehen. Sie lagen fast nur in der Sonne, an diesen ersten beiden Tagen, Bücher und Zeitungen, die sie eigentlich zur Entspannung lesen hatten wollen, glitten ihnen aus den Fingern, Mattigkeit senkte sich geil und feucht auf ihre freigelegten Körper.

Gottfried hielt die Augen geschlossen. Als er sie wieder aufschlug, beobachtete er das Gebet der Eidechsen auf der gemauerten Einfriedung. Mit Köpfen voller Hingebung wanden sie sich der Sonne zu, erflehten ihre Wärme, sogen ihre Energie, gierten, buhlten, verschmolzen mit der Essenz des Lebens. Ihre kleinen, drahtigen, faltigen Körper beben leise, in ihnen schlagen die Herzen seliger Kinder, pochte das Leben an sich, regte sich Sinn und Zweck und Ziel zeitloser Existenz.

Das macht mich glücklich, dachte Gottfried und schloß die Augen wieder. Als er nach Minuten wieder schaute, waren sie weg, weggestoben, von unsichtbarer Hand verscheucht, weggewischt vom gleißenden Stein, dem brütenden Altar.

Molcho rollte sich im Gras neben Gottfried. Er faßte ihn an der Schulter und raunte ihm vertraulich zu: »Na, Gottfried. Die Geister verscheucht?«

Er wußte genau, wovon er sprach, dachte Gottfried, er wußte genau, wie es aussah in mir. Und er nickte.

»Die Toten begraben?« fragte Molcho. Gottfried nickte noch einmal. »Vergiß die Toten«, sagte Molcho, »tot ist tot, vorbei, du lebst heute und jetzt. Das reicht.«

»Was reicht??« rief Karl herüber.

»Ach, nichts«, antwortete Molcho, »aber du erinnerst mich an etwas. Wie soll es denn nach dem Urlaub weitergehen? Kleine Tour durch Frankreich? Oder wieder heim?«

»Nein, nein«, lästerte Karl, »nicht schon wieder, nicht schon wieder diese dauernden Fragen, hörst du, Eli, er plant, Molcho plant, Molcho, den sonst alles kaltgelassen hat, jetzt plant er. Aber plane ruhig, wir machen erst mal Urlaub, und danach sehen wir weiter.«

»Meinetwegen können wir auch zurückfahren«, sagte Gottfried leise, aber er wußte auch nicht genau, wozu er Lust hatte, und von den anderen kam dazu auch keine Reaktion mehr. Aber zum Glück drängte sie niemand, und sie hatten Zeit, an nichts zu denken.

So vergingen die Tage. In der Sonne und der Wärme des Südens ging es rasch bergauf mit Karl. Er erholte sich und änderte dementsprechend das Mischungsverhältnis in seinem Tonkrug. Diese Tage waren flüchtig wie das Glück, verdünnte Zeit schoß wie Alkohol am Morgen durch Denken und Fühlen, preßte komprimiert wie leichtes Blut durch die Adern von Leistungssportlern beim Höhentraining in Südamerika. Sie unternahmen nahezu nichts und hielten Abstand zu Danielle, Régine und Hébert, die irgendwelche Probleme miteinander zu haben schienen, jedenfalls stritten sie immer wieder. Manchmal gingen sie baden im Meer, sonst tranken sie Wein, lasen ihre zerfledderten Taschenbücher. Ihre Dialoge waren leicht und kurz, sie torkelten wie betäubt von Hitze und Ruhe, trugen seidenen Sinn und drehten sich meist um praktische Fragen: Wer kauft im nahe gelegenen Dorf wann was ein, was fehlt denn noch?

Am sechsten Tag ihres Lebens hier sagte Molcho plötzlich: »Das war's vorerst, würde ich meinen. Rückfahrt ist angesagt. Oder was meint ihr?«

Diesmal widersprach niemand.

7

Die Rückfahrt verlief nach Plan und ohne Zwischenfälle. Vielleicht hätten sie aber nicht an einem Stück durchfahren sollen. Sie gönnten sich nur eine kurze Pause, es war an der ersten Raststätte in Deutschland.

»Ich muß jetzt was essen«, sagte Karl und lenkte den Wagen auf den Parkplatz, der wie Tausende seiner Art als Geschwür um die Autobahnen dieser Welt wuchert, ein Ort, an denen die Müdigkeit ganzer Generationen zu kondensieren scheint. Es war früher Morgen, kurz vor der Dämmerung, das giftgelbe Licht der Edelgaslaternen spie Haß und Verachtung auf das Blech und die Fernfahrer.

»Paßt aber auf diesmal«, sagte Eli und legte sich im Laderaum schlafen, während Molcho, Karl und Gottfried den Restaurantbereich betraten, eine Ödnis in grünem, braunem und orangenem Plastik. Sie kauften ein paar Sachen und setzten sich an einen Tisch. Eine Art Kellner schlurfte durch die Reihen, um die verlassenen Tische abzuräumen. Mit der Magerheit des gewohnheitsmäßigen Trinkers wirkte er wie ein Prototyp seines Gewerbes. Ab und zu blickte er routinemäßig hinüber zu Molcho, Gottfried und Karl, in den Augen die desinteressierte Frage, ob er irgendwie irgendwas tun könne.

Karl hob plötzlich die Hand, und der Kellner kam näher.

»Ich hab' noch Hunger«, sagte Karl.

»Haben Sie auch Croissants?«

Der Kellner zögerte einen Moment und antwortete dann: »Tut mir leid, wir haben nur Asbach Uralt.«

Karl schloß die Augen und nickte, und als er wieder schaute, war der Mann bereits weitergegangen.

»Willkommen zu Hause«, sagte Molcho und konnte dann das Lachen nicht mehr zurückhalten.

Es war früher Vormittag, als sie endlich ankamen, den Wagen in die Hofeinfahrt schaukelten, auf dem grasbewachsenen Schotter des Hinterhofes parkten. Sie schlossen die Falltür zum Probekeller auf und schleppten wie betäubt das Nächstgreifbare hinab. Im Keller angekommen fläzten sie sich zunächst alle einmal auf den Boden. Karl verteilte Bierdosen, und so lagen sie, atmeten tief und waren froh, wieder da zu sein.

»Es waren die besten Wochen seit langem«, sagte Karl munter, ihm ging es bestens.

»Ja«, sagte Eli leise, »es waren gute Tage, Tage mit Freunden.«

Molcho blickte auf. »Nana«, sagte er, »solche Worte von dir? Jetzt willst du mir sicher gleich noch erzählen, daß du es schade findest, daß Jutta nicht dabei war?«

Eli blickte ihn traurig an, sagte aber nichts.

Jutta, stimmt ja, dachte Gottfried. Er hatte nicht mehr an sie gedacht in den letzten Wochen, höchstens ein-, zweimal, in loser Gedankenverbindung, flatternd wie Wollgras. Was sie wohl gerade machte? Und dann fiel ihm alles wieder ein, die letzte Probe, sein Besuch zu Hause, die ganze Scheiße und die Fragen, wie es denn jetzt weitergehen sollte. »Wir müssen zusammenbleiben«, sagte er laut, »nur so kommen wir durch.«

Molcho war der einzige, der nickte. »Wir müssen so weitermachen«, sagte er, »wir müssen so weitermachen.«

Gottfried rollte sich zur Seite und sank in einen unruhigen Schlaf. Im Traum stand er inmitten eines großen, steinplattengedeckten Platzes, Tränen schossen ihm in die Augen, und schwarze, große Sonnenvögel kreisten über ihm wie Gesandte des Bocksbeinigen. Ihre flatternden Federn verbargen die Sonne. Nur hin und wieder blitzten Strahlen, von einem zürnenden Fabelhelden geschleudert. Gottfried saß unvermittelt auf einem scheckigen Pferd. Es war weiß, mit aufgemalten großen schwarzen Punkten. Eine Lanze hing ihm im Arm wie wohl einst Don Quichotte. Gottfried begann sie rhythmisch zu schwingen, wirbelte sie, zielte. Jetzt griffen die schwarzen Vögel an. Ihre kleinen, gekrümmten Schnäbel klapperten das Lied der Rache, eine Rache ohne Sinn und ohne Zweck. Ihr Gefieder raschelte unheilvoll, und schwarzes Blut quoll in ihre zuckenden Augen. Gottfried fühlte, wie seine Zähne zu wackeln begannen, mit der Zunge spürte er, wie die Wurzeln sich im Fleisch lockerten. Der ganze Kiefer schien aufzuweichen, alle Form zu verlieren. Gottfried tippte leicht mit der Zungenspitze an die Zähne, das war trügerisch, alles gab nach. Die Schneidezähne fielen als erste aus. Sie lagen im Mund, runde, weiche Perlen, schmeckten noch ein bißchen nach Blut, salzig und warm. Gottfried spuckte sie aus, zwei, drei, sie fielen zu Boden und lagen dort, unschuldig, gelblichweiß. Er blickte auf, erschreckt. Ein Gegner zu Pferd kam heran, rollte heran. Das Pferd war schwarz, stand auf hölzernen Rädern mit Hartgummireifen und kam quietschend näher. In schwarzer Rüstung saß darauf eine Art Darth Vader, von der Leinwand auf das Spielzeugpferd gestiegen, der Abgrund des Alls. Sein Atem röchelte aus den Schlitzen seiner schwarzmetallenen Maske, und statt des erwarteten Lichtschwerts trug er eine fast mannshohe Axt mit steinernem Blatt. Der schwarze Kämpfer stieg ab, kam langsam näher, drehte sich, schwang, holte aus. Scheinbar ohne Anstrengung wirbelte er die Axt sirrend über seinem Kopf zum tödlichen Schlag, und Gottfried sah noch den Flint auf sich zu rasen, aber schon schrie er auf, schlug im Reflex den Handrücken in die Luft. Wie eine Explosion detonierte über ihm reines Licht und in die auf ihn zu rasende Strahlung sagte Molcho: »Mensch, Gottfried, wach auf, das war nur ein Traum, du bist im Proberaum, du hattest einen schlimmen Traum, komm zu dir, wach auf!«

Gottfried zuckte vor Molchos Hand zurück. »Aah, macht doch das Licht aus, das blendet ja wahnsinnig«, stöhnte er.

»Du bist völlig fertig, wir sind alle völlig fertig«, antwortete Eli. »Fast zwanzig Stunden Autofahrt, fast nichts gegessen, kaum Schlaf. Am besten, ich hole uns schnell was zu essen. Ausladen können wir später noch.«

»Nee, laß mal«, erwiderte Molcho »ich gehe schon, würde gerne ein bißchen an die Luft, wenn dir das nichts ausmacht, Eli, außerdem will ich mal wieder fahrradfahren. O. k.?«

»Wir können ja die leichteren Teile schon einmal runtertragen«, meinte Karl, und Eli zuckte mit den Schultern.

»In einer halben Stunde bin ich zurück«, sagte Molcho und stieg nach oben.

»O. k.?« fragte Karl in die Runde und ballte die Faust.

»O. k.!!« kam es ihm von Gottfried und Eli entgegen. Sie luden aus.

Es war ein glasharter Morgen. Die Kälte der steinernen Treppenstufen sickerte durch die Sohlen ihrer Turnschuhe, schnitt durch die Nerven der Füße wie ungeschliffenes Papier durch Haut. Das hellblaue Licht der Morgensonne sprühte Kälte über das benachbarte Bahngelände. Jenseits des verrosteten Zaunes schlängelten die verlassenen Gleise ihres Weges, wanden sich wie Reptilien um die wuchernde Vegetation, buhlten um Verschonung, fast so, als hofften sie noch einmal auf Sinn und Zweck und Aufgabe. Dazwischen lagen zerschlagene Teerstraßen, Metallreste am Rand, Achsen, zertrümmerte Güterwagen, Kabeltrommeln, neue Heime von Ratten und anderem Getier. Bauwagen duckten sich am Ende des Geländes, aus ihren Dächern standen dünne Schornsteine, wie rettende Halme zum Atmen unter der Wasseroberfläche. Feiner Rauch rinnsalte aus ihren Hülsen, die Bewohner waren gerade aufgestanden, kochten Kaffee oder heizten.

Nach einer Stunde Arbeit setzt sich Gottfried in die Sonne und wartet. »Wo bleibt er denn?« fragt Karl, der noch weitermacht, und, als er keine Antwort bekommt, einen Verstärker hinabschleppt. Zu Gottfrieds Füßen liegt der zerrissene Karton ihres letzten Sixpacks in fragloser Eintracht neben den drei bereits geleerten Dosen. Molcho müßte längst zurück sein. Eine Amsel pfeift ihr Lied. Warten. Es ist doch immer dasselbe, denkt Gottfried. Warten. Warten. Warten auf etwas, das nicht kommt. Musik machen ist gleich warten, bilanziert er. Leben ist gleich warten, denkt er, verwirft die Idee aber. Zu ungenau. Sein Zeigefinger reißt den Zippverschluß zischend vom Aluminiumdeckel der Bierdose. Gottfried sitzt auf einem kalten Betonsockel und läßt die Beine baumeln. Unter ihm, im Keller, beginnt es zu brummeln. Karl läßt den Kassettenrecorder über die Anlage laufen, brüllend laut. Oben ist wenig zu hören, aber der Boden vibriert sanft.

Es ist ein schwerer Lastwagen, viele, viele Tonnen schwer und dennoch gemein beweglich, er zuckt um die Straßenecke wie eine Giftschlange. Plötzlich ist er da. Pure Masse. Nacktes Metall. Hinter dem Steuer ein Mann mit aufgerissenen Augen. Er lehnt sich leicht zurück, und seine Muskeln spannen sich. Schwielige Hände greifen gewaltsam ins Lenkrad, sein Schnauzbart zuckt. Zitternd und doch unerbittlich unter dem nicht mehr zu bremsenden Druck manisch arbeitender Mechanik stößt die Zugmaschine in die Kreuzung hinein. Eine Szene wie aus den Testfilmen der Autoindustrie: der Prototyp mit den Dummies. Die letzten drei Meter vor der Mauer. Super-Slow-Motion. Wenn die Kräfte am Genick der Puppe reißen, wenn ihre Kabel in die Höhe flirren wie ein Schwarm Seevögel. Wenn der Gummikopf gegen die Frontscheibe knallt, während Beton das Metall zusammenfaltet, zusammenklappt wie einen Fächer, wie eine Ziehharmonika, wenn der Stein den Raum verdichtet, die Zeit einfriert. So sieht es aus, als jetzt der Lkw-Fahrer auf die Bremse steigt und der Wagen nur zögernd dem Befehl folgt, schreckvoll preßt das Bein, um noch zu retten, was nicht mehr zu retten ist.

Die Singvögel schnattern, als bereiteten sie ein Familienfest vor. Gottfried muß grinsen bei dieser Vorstellung. Vater Amsel im Schurz am Herd.

Karl ist heraufgekommen, setzt sich neben ihn, legt den Kopf schief und schließt die Augen. Auch er reißt sich eine Dose Bier auf. »Scheiße«, sagt er, »da stimmt doch etwas nicht.«

Dann ist er still, und die Ruhe der Frühmorgenidylle legt sich über sie wie die Schlafdecke einer besorgten Mutter. Auf einer der verlassenen Straßen fährt ein Wagen, sie blicken auf, denn das ist selten. Von weitem nähert sich das röhrende Fahrgeräusch, und Karl hebt plötzlich witternd den Kopf.

»Ist was?« fragt Gottfried.

Karl schüttelt den Kopf und meint dann aber doch: »Hört sich irgendwie an wie ... wie ... ja, könnte eigentlich Juttas Wagen sein.«

»Wußte gar nicht, daß sie ein Auto hat«, sagt Gottfried und nimmt Karls Vermutung zunächst nicht ernst, dann aber runzelt er doch die Stirn: »Was sollte *die* hier machen, um diese Zeit, vor allem, *nach* allem, was war. Und wie würde sie dazu kommen, über das gesperrte Gelände zu fahren, das ist doch verboten.«

So wehrt Gottfried ab, wie ein Richter, der gewisse Beweismittel nicht zuläßt. Er will an etwas anderes denken, aber das Brummen des Motors kommt näher. Es ist ein altes Auto, die Löcher im Auspuff lassen den Abgasstrahl knattern wie Zweitaktmotoren. Immer näher kommt der hustende Lärm, und jetzt biegt er um die Ecke, Juttas Opel Rekord nähert sich, Grundfarbe ursprünglich dottergelb, jetzt künstlerisch bemalt mit seltsamen schwarzen Strichfiguren, über denen ungefüllte Sprechblasen hängen, so als wollten sie etwas sagen, aber ihnen fällt nichts ein. Karl und Gottfried sind aufgestanden und warten am Zaun, überlegen, ob sie durch die Lücke am Boden schlüpfen sollen. Der Opel wird langsamer, sie erkennen Jutta, ihre Augen suchen das Haus und seinen Hintereingang, ihre Stirn klebt an der Windschutzscheibe, solange, bis sie sie entdeckt.

Gottfried reißt seinen Arm in unvermittelter Freude hoch, Bier spritzt aus der Dose. »Hier!« ruft er, und zu Karl gewandt: »Jutta!«

Molcho sieht ihn kommen, und er weiß: Das ist das Ende. Der Kühlergrill wirkt wie Maschengitter in einem amerikanischen Gefängnis. Sieht es dort wirklich so aus, wie es in den Filmen immer gezeigt wird, fragt sich Molcho noch, und er bemerkt sogar, daß er diesen Gedanken gerade denkt wie im Traum und wie absurd dieser Gedanke ist, und er muß innerlich schmunzeln, weil er weiß, daß dies sein letzter Gedanke ist und sein Leben nicht noch einmal an ihm vorbeizieht und er zumindest eine weitere Lüge entlarvt hat, und deshalb denkt er es bewußt noch einmal: Sind es wirklich Maschengitter? Und dann kommt schon das bebende Chromgestänge, es scheint sich zu biegen unter dem Druck des Motors und der mittlerweile quietschenden Bremsen. Die Physiologie seines Nervensystems explodiert. Elektrische Angst-, Flucht- und Todesimpulse, rasend im Sperrfeuer der auf Schock stehenden Wahrnehmungszentren, stauen sich, überfluten neuronale Übermittlerstellen und Botenstoffe, die Substrate des Denkens und Fühlens liegen antriebslos in der Nährlösung seiner Körpersäfte, die Rezeptoren alle im roten Bereich, sie schreien Alarm!, eine Chemie, ausreichend für tausend Streßmomente des Lebens, für hundert erste Küsse, für hundert Endspiele bei der Fußballweltmeisterschaft, für hundert Songs, mit denen er Konzerte eröffnen könnte. Der Laster wächst jetzt vor Molcho auf wie der Pilz einer atomaren Detonation, es sind nur noch Bruchteile von Sekunden, die letzten Zeiteinheiten des Lebens.

Als Körper und Metall einander berühren, gibt die weichere Elementenverbindung allen gültigen Gesetzen folgend spritzend nach. Es trägt seinen Leib mehrere Meter durch die Luft, wie eine Puppe hängt er vor den breiten Stoßdämpfern. Als die Schwerkraft sich den bereits Leblosen holt, fällt er und kommt unter die doppeltbereiften Räder. Aber das spürt Molcho zum Glück nicht mehr. Verwunderung steht im Gesicht des Lasterfahrers, als er auf den roten Saft und den weißlich-grauen Schleim schaut, der in Brocken auf das Fenster vor ihm geklatscht ist. Die Adern an seinen Unterarmen treten muskelschwellend hervor. Aber all seine Kraft nützt nichts mehr. Die Maschine holpert protestierend noch fünf, sechs Meter, aber zu diesem Zeitpunkt befindet sich der zerstörte Körper kurz vor der Hinterachse des Hängers, und es ist alles kein schöner Anblick mehr.

Juttas Augen sehen aus, als seien ihre grünen Pupillen tauchen gegangen. Hallo Jutta, will Gottfried rufen, aber noch vor dem ersten Laut bricht er ab. Ihre Augen, denkt er, ihre Augen. Sie sind riesig, Augen wie aus frischem Tortenguß, als sie aussteigt und den Motor nicht abstellt.

Sie muß schlucken und kann zunächst gar nichts sagen. Und dann verspricht sie sich auch noch. »Er … also, Molcho … hatte meine Adresse bei sich«, sagt sie und lacht hysterisch.

Das Entsetzen springt aus ihrem Gesicht wie ein zischender Kobold, und Karl und Gottfried brauchen die folgenden Erklärungen eigentlich gar nicht mehr zu hören. Undefinierte Angst, Unglaube, Erschrecken und kopfschüttelndes Bewußtwerden wechseln wie das Wetter am Schnittpunkt zweier Frontensysteme, und wie in Trance steigt Gottfried dann irgendwann die Treppen hinab, um es Eli zu sagen, und eine unfaßbare, seelenlose, entwurzelte und haltlose Trauer greift nach ihnen allen.

Ende der Welt

1 »Es hat alles so kommen müssen«, tuschelt die alte Frau. Die Worte entweichen mißgünstig ihrem Mund, sie dreht und wendet den Kopf, sichert ihr Revier, unruhig wie eine Amsel. Ihr Blick fällt auf die große Uhr am Tor des Friedhofs.

Die beiden Zeiger stehen senkrecht nach oben, liegen fast übereinander. Die Frau blickt nach einigen Minuten wieder hinauf. Nichts hat sich getan. Auf dem Zifferblatt stehen die Zeiger immer noch in derselben Position, sie bewegen sich nicht von der Stelle, rucken aber gegen einen unsichtbaren Widerstand, zittern drohend wie ein Vorzeichen, wollen ihre Lage verlassen, weiterrücken, die Stunden vorantreiben, aber es geht nicht. Es ist zwölf Uhr, dies ununterbrochen wohl aber schon seit Tagen oder Wochen, irgendein Fehler der Mechanik hält den Lauf der Zeit fest: Nichts bewegt sich.

»Daß es mit *dem* noch einmal schlimm enden würde, das habe ich schon damals gesagt«, fährt die Alte mit bösem Blick fort. »Ich kenne sie alle, die ganze Familie. Hans und Lisa, da, schau, die dem Pfarrer die Hand schütteln. Wohnten in den Blöcken, haben aber immer wieder mal bei mir eingekauft, nicht viel, nein, wer kauft heute noch viel in so einem kleinen Laden, Milch, Eier, Salz, auch einmal einen Sekt, was man halt so vergißt, wenn man in den großen Supermärkten einkaufen geht, na ja, viel war es wirklich nicht, aber sie waren recht nett, nicht so, ja so, wie soll ich sagen, so *schäbig* wie die anderen aus den Blocks, und einmal, da hat sie, also die Lisa, hat mir von ihrem Jungen, von Molcho erzählt, komischer Name, sagte ich zu ihr, und sie meinte das auch, aber das habe sich der Vater ausgedacht, ja die Männer, so sind sie, das kann man nicht immer alles verstehen. Die sind ja jetzt auch schon eine ganze Weile weg von hier, vor drei Jahren weggezogen. Von Molcho hatten sie nichts mehr gehört in den letzten Jahren, muß man sich einmal vorstellen, vom eigenen Sohn, nichts mehr! Viel Freude hatten sie ja ohnehin nicht an ihm. Es ist schon schlimm, daß sie das hier miterleben müssen, eine richtige Schande ist das, den Sohn so jung zu verlieren, das ist doch kein Alter!«

»Ruhe!« faucht es da von weiter hinten, jemand will die Worte des jungen Pfarrers hören, der am Grab redet und dem der Wind die zu langen Haare immer wieder in die Augen weht. Er streift sie mit den Händen aus dem Gesicht, eine hektische, unsichere Geste, die den Eindruck erweckt, als weine er. Seltsamerweise wirkt gerade das auf die Leute. Sie sind ergriffen. Der Pfarrer murmelt seine Schlußworte und schickt sich an, die ersten Dreckklumpen in die feuchte Grube zu werfen, dem Toten hinterher.

Die alte Frau dreht sich auf den Zuruf hin pikiert um, verzieht den Mund und beugt sich noch näher an ihre ebenfalls sehr alte Begleiterin heran. »Und den da vorne, den kennst du doch auch noch. Den in der Mitte von den drei vergammelten Gestalten. Das ist der Gottfried von den Millers. Und hinter ihnen, der alte Miller, na, den kennst du wohl? Wer wohl die junge Frau neben ihm ist? Habe ich hier noch nie gesehen. Jaja, der Miller und sein Sohn. Gottfried ist damals mit Molcho abgehauen, weißt du das nicht mehr? War alles nicht einfach für den Jungen, nach dem Tod der Mutter. Ja, und jetzt verliert er schon wieder jemanden, seinen besten Freund. Steckten schon im Kindergarten zusammen. Unzertrennlich die beiden, Schrecken des ganzen Dorfes. Die beiden waren nicht zu halten, im Dorf sowieso nicht. Hat auch kein einfaches Leben gehabt, der Gottfried. Musiker soll der ja geworden sein, habe ich gehört, in der Stadt, aber da hört man ja viel, und was ist das schon, heute, Musiker? Ungepflegt sehen sie aus, richtig ungepflegt, er und diese beiden anderen, daß die sich *so* hierher trauen. Na ja, der Vater wird halt nichts hingebracht haben an den Jungen, keine richtige Erziehung, ohne Mutter ist das alles nichts.«

»Zwei Meter fünfzig, schätze ich«, sagt in diesem Moment Eli. »Von der Kante bis zum Boden.«

Seine Stimme ist belegt, brüchig, die Augen irren in flüssigem Glas, feucht blitzend wie Kugeln in einem Flipperautomaten. Er blickt auf seine Füße, die schmutzigen Schuhe, den Lehm. Den hellbraunen. Den gierigen, fast schmatzend gierenden. Gras franst am Grab oben über. Lugt hinab. Brokken bröseln am Abgrund, wurzelverflochten, bleiben zitternd hängen. Das Rechteck, herausgestochen aus dem Planquadrat. Sie unterhalten sich wie unbeteiligte Zuschauer im Fußballstadion bei einem drittklassigen Null-zu-Null-Unentschieden, wie Sprechautomaten, die fürchten abgestellt zu werden, wenn sie aufhören zu reden.

»Man bezahlt für vorerst dreißig Jahre«, raunt Gottfried heiser, es klingt für die anderen, als kämen seine Worte aus einer anderen Welt, aus dem Parallelraum, scheinbar unberührt und so entfernt von allem, als kaufe er gerade auf dem Wochenmarkt ein.

Nur Karl hält das Spiel nicht aus. »Länger, als er lebte, verdammt, das ist länger, als Molcho lebte«, faucht er entsetzt mit bebendem Körper.

Er ist kaum mehr zu halten. Molchos Tod hat ihn auf unheimliche Weise nervös und unruhig gemacht, hat sein Meditationsbollwerk durchschlagen wie ein Steinwurf die dünne

Eisdecke im Frühjahr, stumpf und trostlos. Seine Arme zukken, die Knie wollen sich beugen unter unsichtbarer Last. Er hält dieses Gerede sichtlich nicht mehr aus. Dieses So-tun-als-wäre-nichts-geschehen, als läge da nicht ihr Freund Molcho tot in der verzierten, lackierten und damit so schrecklich trivialen Holzkiste.

Auch Gottfrieds Gedanken schweben plötzlich in taubem Schmerz, auch er hat durch den einen Satz von Karl den Boden unter den Füßen verloren, ihm schwindelt, und sein Kopf sitzt zerrend und viel zu leicht, kaum fühlbar wie ein mit Luft gefüllter Ballon auf seinen Schultern, es ist ein Gefühl wie Schleudertrauma.

»Ich will es nicht mehr sehen«, sagt er und blickt seine Freunde mit tränengefüllten Augen an. »Ich will es nicht mehr sehen, ich kann es nicht mehr sehen. Es macht mich leer, es macht mich müde. Ich kann nicht mehr. Es gibt ein Zuviel an Tod. Und ich habe zuviel. Ich hatte immer zuviel. Seitdem ich Kind war. Immer davon zuviel. Ich kann nicht mehr.«

Karl legt seinen Arm um Gottfrieds Schultern. Eli faßt an seinen Oberarm. Sie schwanken, Besan-, Haupt- und Fockmast, ein angeschlagenes Schiff, vertäut an der Küste der sturmaufgewühlten See.

Gottfried schluckt. Wut quillt plötzlich hoch in ihm. Der rasante Wechsel der Gefühle macht ihn ganz benommen, es ist wie in der Metallschüssel eines Achterbahnwagens, auf Schienen stürzt er an neonblitzenden Empfindungen vorbei und hinab und hat keine Möglichkeit, das Schicksal zu steuern. Es juckt ihm in den Fingern. Gottfried könnte schreien. Und zuschlagen. Die Aggression wendet sich und sucht, und es kann nur ein Ziel geben, das des geringsten erlittenen Schmerzes. Diesem Weißbekragten also eins in die Fresse hämmern, das wär's. Dem Fraglosen eins reingeben. Wegen seiner Fraglosigkeit, seiner Sicherheit, daß hinter allem irgendein Sinn steckt. Ihn packen und schütteln. Was erzählt er? Was, verdammt, glaubt er eigentlich?

Sie stehen mit Rücksicht auf die anderen Trauernden etwas abseits. Wir, denkt Gottfried, wir, Molchos beste Freunde. Auf dem kleinen Friedhof, der sich kaum verändert hat in all den Jahren, anders als die Häuser, die Straßen, die Gesichter und Kleider der Menschen. In Gottfried steht die Zeit wie eingefroren, in den Laboratorien seiner Erinnerung liegt die Szene wie ein tiefgefrostetes Präparat unter dem Elektronenmikroskop, abgetrennt mit einem Skalpellschnitt, superdünn, im Submillimeterbereich, und zwischen zwei feinen Gläsern unter die Linsen des Zwillingstubus geschoben, ein auftauender Splitter des Lebens. Und über allem: der Tod. Dazu das protestierende und unbarmherzig banale Zucken der Natur: ein Eichhörnchen, das kreischend einen Baumstamm hochjagt, verrücktes Bild vor Gräberlandschaft inmitten all dieser moosbepelzten Marmorblöcke und den frischen, harzenden, holzlasurschwitzenden Kreuze, um deren goldene Beschriftungen Schmetterlinge tanzen. Kinder wirbeln lachend über die kleinen Grasflächen zwischen den Reihen von Grabsteinen, sie singen und streiten und spielen, sie wissen es nicht besser, oder vielleicht doch? Und Gruppen von Buchen, die sich weise wiegen und deren rotes und gelbes Blattwerk raschelt, als flüsterten die Bäume einander kleine Anekdoten zu oder als tuschelten sie über die Kleider und Gesichter der Trauernden. Und ein Himmel, herbsthell und blau, der sich spannt und der kompakt und hart über allem steht, wie der Hammer des Auktionators, der irgendwann fällt und den Zuschlag erteilt.

»Dort hinab ins Nichts. Dort hinab, aus den Augen, aus dem Sinn. Es ist einfach unvorstellbar«, murmelt Gottfried, als alles vorüber ist.

Sie sitzen neben der Aussegnungshalle, hinter dichten Eibenhecken, die sie vor den Blicken der Verwandten schützen. Dorthin haben sie sich zurückgezogen. Haben noch nicht einmal Gottfrieds Vater und Jutta Bescheid gesagt. Karl hat eine Dose Bier aufgerissen, wirklich gut, daß es niemand sieht. Der Duft des zischenden Biers weht herüber zu Gottfried und schleudert ihn in eine Wolke von Erinnerungen an seinen Freund.

»Das Grausamste ist«, sagt er nach längerem Schweigen, »wenn man noch nicht einmal glauben kann, daß dort noch irgendwo etwas wäre, wo Molcho jetzt ist. Es ist einfach nur aus. Sie hieven ihn hinab und aus und vorbei. Dort unten stürzen dann alle Mauern zusammen, von denen man geglaubt hat, sie tragen ewig, dort implodiert dann der Bildschirm, da ist alles aus, dort zuckt bloß noch der Blitz des Aus-Knopfs von der Fernbedienung. Ziieeppp, macht es, du siehst den Strich und dann den Punkt auf der Mattscheibe, und weg ist auch er.« Nimmt das alles nie ein Ende, denkt er. Das ist wirkliche Gewalt, Gewalt des Universums, die Gewalt des großen Ganzen, sie schlägt zu und trifft die Ungläubigen mit doppelter Wucht. Nichts bleibt übrig. Hirnstaub wirbelt später einmal auf, das ist aber auch schon alles, was übrigbleibt von dem, was Leben war für Molcho. Jetzt also ist die Rechnung zu bezahlen. Eine Rechnung, die niemand jemals akzeptiert hat. Er jedenfalls nicht. Nach der niemand jemals fragt. Jetzt schlägt er also ein, der bei der Geburt abgeschossene Pfeil. Er trägt eine daraufgeschraubte Minigranate, die Lieblingswaffe galaktischer Krieger in den billigen Endzeitfilmen, die sie sich in Double- und Triple-Features nächtelang angeschaut haben, bis morgens um fünf, dann mit albinoroten Augen raus aus dem Kino und noch kurz in die Frühaufsteherkneipe der Stadt, wo nur Penner, Trinker, Deklassierte aller Art auf die Bedienung und das Tageslicht warteten. So ist das also, denkt Gottfried, wenn alles aus ist. Das drehende Pfeil-Granaten-Geschoß schlägt ein, und du versinkst in einer Explosion, heller als die Sonne, spritzender Phosphor, brennender, schmerzender Napalmschleim. Der Preis ist zu hoch, allen, zu jeder Zeit. Niemand würde sich auf dieses Geschäft einlassen, wenn er den Preis kennen würde. Niemand. Oder nur wenige. Die, die ihn kennen, sind still. So still. Lebenslang, todeslang, still, fast jedenfalls.

Die Totengräber sind herübergekommen, ermutigt offenkundig durch das Bier in Karls Händen und der damit erkennbaren sozialen Gleichrangigkeit. Selten genug haben sie Gelegenheit, während ihrer Arbeit mit anderen Menschen zu sprechen. Sie sind vorsichtig, wollen mitfühlend sein, aber es gelingt ihnen nicht ganz. Im Halbkreis stellen sie sich um die Freunde.

»Es dauert Jahre, manchmal Jahrzehnte, bis der menschliche Körper restlos verrottet ist«, sagt der längste von ihnen ohne Einleitung, er ist ein hochaufgeschossener Schlaks, der mit seinen geschätzten fünfundvierzig Jahren immer noch wie ein Junge aussieht, mit widerborstigen Haaren, die frischgewaschen abstehen vom Kopf wie bei Kindern am Morgen.

»Ich würde Verbrennen vorziehen«, fährt er fort, »ist ’ne saubere Sache und billiger außerdem. Aber viele kommen natürlich mit der Vorstellung nicht klar, Feuer und Hitze, Asche und restlos verbrannt, das ist so eine Sache.«

Er meint es gut mit seinem Fachgesimpel, will seine Art von Trost vermitteln, die Professionalität des Experten in Sachen Bestattung. Aber man kann sehen, daß ihm unwohl ist.

Auch er kann das Ganze im Grunde genommen nicht aushalten, schon lange vermutlich nicht.

»Und was heißt hier schon restlos«, ergänzt ein anderer. »Knochen verbrennen oft nicht vollständig, und auch bei einer klassischen Erdbestattung im Grab kann man das nicht so genau sagen. Manche zerfallen viel später, keiner weiß das genau, ist wohl auch unterschiedlich. Manchmal finden wir noch nach dreißig Jahren Knochen, wenn die Grabmiete abgelaufen ist und der nächste reinkommt.«

»Das erste im Grab ist die Selbstauflösung«, fängt jetzt wieder der Lange an, aber das Interesse an seinen Ausführungen ist gering.

Eli und Karl starren ungerührt in die Ferne. Sie wollen das unappetitliche Zeug nicht mehr hören, aber sie haben keine Kraft, um zu widersprechen. Ihre Blicke zielen Richtung Parkplatz, wo sich die Verwandten sammeln, um zum Leichenschmaus zu fahren. Gottfried aber grübelt und sucht still nach eigenen Worten. Programmierte Implosion, denkt er, eigentlich sinnreicher physischer Overkill einer vollrecycelbaren Natur. Der Kreis schließt sich, Staub zu Staub. Auch ein Ökosystem.

Der Lange läßt sich nicht beirren, scheint Gottfrieds Gedanken zu ahnen. »Die Leichenstarre ist das erste. Sie packt zunächst Haut und Muskeln, packt Glieder und Gelenke. Und dann, ganz seltsam, wieder Entspannung. Warum, weiß ich selbst nicht. Alles läßt nach, alles lockert, alles gibt auf. Die fühlen sich dann an wie Gummi.«

Weichheit verschmiert wie Speichel eines Untoten auf dem Fleisch, überlegt Gottfried, nun doch auf das Gedankengleis des hageren Totengräbers gelenkt. Seifig. Schmierig. Auflösung. Und dann die Tiere. Die Wesen. Die Maden. Deren Larven schon warten. Überall. In uns, in unseren Räumen, in unserem Fleisch, im Dreck, in allem. Die Natur grinst und packt zu. Die Maden nisten und werden dick, und sie fressen Haut und Muskeln, das weiche Fleisch, das zerbröckelnde, das schimmelnde, zerbröselnd wie nasser Käse, steinalter Schafskäse beim Griechen um die Ecke. In den Augenhöhlen, den feuchten, da fängt es an. Da wimmeln sie und vermehren sich von deinem Fleisch, da kringelt sich Fleisch von deinem Fleisch, da geht alles nahtlos über, die Materie hat ihre Wanderung begonnen, fast ungeduldig scheint die Natur, los muß es gehen, Neues muß entstehen, erst ganz hinab und dann hoch hinaus. Nichts bleibt. Auch das festgefügte Holz des Sarges ist trügerisch, verlogen wie die letzten Worte. Es verhüllt, sonst nichts, bringt Form in eine Sache, die keine Form mehr hat und Inhalt natürlich sowieso nicht mehr. Das schöne Holz, das polierte, es wird ebenfalls weich, das geht schnell, viel schneller, noch liegen die verwelkten Kränze, und schon fault das Holz und löst sich auf. Im Erdreich krabbelt es. Käfer rollen ihre Kugeln. Würmer graben ihre Gänge. Mikroben buddeln, wühlen, suchen. Amorphe Einzeller wimmeln und nehmen auf. Lagern sich an, öffnen ihre Hautkanäle und geben ihren Saft ab, nehmen neuen Saft auf. Schnecken kriechen auf schleimender Bahn, Fühler wittern, zittern, äugen. Die Natur packt zu.

»Und jetzt?« fragt Eli eine Stunde später. Er spricht aus, was alle denken. Und jetzt? Achselzucken. »Wer weiß was?«

»Ich weiß es nicht«, sagt Gottfried und beugt seinen Kopf. »Ich weiß es nicht.«

Karl sagt gar nichts. Er schüttelt leicht die Dose Bier, in der die Flüssigkeit gluckert. »Was?« fragt er dann in Gedanken.

»Epikureer«, sagt Eli.

»Was?« wiederholt Karl.

»Epikureer. Molcho war Epikureer. Hat er jedenfalls immer gesagt. Und war immer verdammt stolz darauf. Leben, so als wäre morgen Schluß, genießen, dem Gefühl, der Lust folgen, das kennst du doch, oder?«

»Jaja. Ich weiß. Und was soll das heißen? Sein Auftrag aus dem Jenseits an uns, oder was? Schwachsinn! Für mich war das immer Schwachsinn, windelweicher Schwachsinn!«

Die wütenden Worte schockieren in dieser Atmosphäre des Trauerns, Bedauerns, Rätselns, und Eli schweigt wieder. Sie sitzen nun doch in der Dorfgaststätte, im Lärm der Stimmen. Gesprächsfetzen entfernter Verwandter zischen durch den Raum, verkrampft und irgendwie irreal. Das Schlimmste ist vorbei für sie, das Nicht-Begreifen stürzt sich in den Alkohol, und keiner will mehr irgend etwas wissen. Sie reden über die Lebenden, warum auch nicht, wer hat wen geheiratet, was ist dort geschehen, was aus jenem geworden, wie alt ist der Junge schon, wie geht es diesem und jenem. »Eine schöne, eine würdige Feier war das ... prächtiger Kranz ... so viele Leute, so ein langer Trauerzug ... gut gesprochen, der Pfarrer ...«

Wortfetzen wehen von den anderen Tischen herüber. Molchos Vater kommt immer wieder einmal zu ihnen herüber, setzt sich an den Tisch und schweigt eine Runde mit ihnen. Immerhin hat er sie gebeten, doch noch mitzukommen. Sie haben abgewunken.

»Das muß nicht sein, wir wollen nicht stören«, sagte Gottfried, aber Molchos Vater blieb fest. »Nicht alle sind davon begeistert, das muß ich euch sagen«, erklärte er, »aber ihr wart seine besten Freunde, ihr gehört dazu, da können sie sagen, was sie wollen, ihr gehört dazu!«

»Klingt eigentlich wie ein Stern«, sagt Gottfried gerade und starrt vor sich hin.

Er bemerkt nicht, wie die Tür des Gastraums aufgeht und sein Vater und Jutta eintreten, mit suchendem und dann erleichtertem Blick.

»Oder wie ein Planet«, sagt Gottfried und sieht sie nicht, obwohl sie an ihren Tisch kommen. »Epikur. Klingt wie Merkur. Oder Saturn. Oder Jupiter. Das ist eh so eine Sache, mit den Sternen, dem All, dem Universum. Dahin ist Molcho jetzt wohl unterwegs, wenn es nach denen hier geht ...«, und er deutet mir dem Daumen auf die anderen Gäste, und da erkennt er die beiden gerade Eingetretenen. »Ju...Ju...Jupiter ... der größte Planet unseres Systems ...«, sagt er, sein Mund plappert weiter, während seine Pupillen sich weiten, »142 800 Kilometer ... beträgt ... sein Durchmesser. Weiß ich genau. Riesengroß, unvorstellbar groß, dreihundertmal mehr Masse als die Erde. Unvorstellbar, Jupiter, Ju... Jutta! Vater!«

Alle stehen auf, alle begrüßen einander noch einmal, es ist ein bißchen wie bei der Rückkehr einer als vermißt geltenden Expedition. Johann Miller nimmt seinen Sohn beiseite. »Gottfried«, sagt er mit aller Schwere, der er fähig ist, »du kannst jederzeit heimkommen, das weißt du doch? Du kannst jetzt schon bleiben, du kannst später kommen. Jederzeit. Ist dir das klar, mein Junge?«

»Ist schon in Ordnung, Vater«, sagt Gottfried, zögert, schluckt, »das ist sehr nett von dir. Vielleicht ... vielleicht nehme ich dein Angebot ja einmal an. Jetzt aber noch nicht, Vater, jetzt noch nicht.«

Johann Miller nickt.

Gottfried fährt fort: »Ich brauche jetzt erst einmal Zeit für mich.«

Sein Vater nickt noch einmal. »Ich kenne ...«, fängt er an, dann aber trifft ihn der Blick seines Sohnes, und er verstummt. Was soll er da noch sagen?

»Wir waren in Frankreich und haben im Meer gebadet«, sagt Gottfried zu seinem Vater. »Das wäre jetzt schön, das

Meer, seine Kraft, der Wind, die Luft, die Wucht der Elemente, kannst du das verstehen?«

»Ja«, antwortet sein Vater schlicht und leise. »Und warum fährst du nicht ans Meer?«

Gottfried zuckt mit den Schultern, und beide gehen zurück zu den anderen, setzen sich.

»Warum eigentlich nicht?« fragt Gottfried dort unvermittelt, und alle blicken ihn fragend an. »Ich will weg, ich will ans Meer«, erklärt er, und Eli nickt sofort, als habe er denselben Wunsch oder als habe er das Gespräch Gottfrieds mit seinem Vater mitgehört.

»Mach das, Gottfried«, sagt Jutta in die nachdenkliche Stille und streichelt ihm die ihr zugewandte Schulter. »Wir sehen uns.«

2 Und dann ist alles plötzlich vorbei. Sie haben sich verabschiedet, haben Jutta beschworen, mitzukommen, aber sie wollte nicht. Gottfried sagte »Danke« zu seinem Vater, und dann stiegen sie ins Auto. Wieder die Autobahn und wieder ihr zitternder Kleinbus.

»Es sind siebenhundert Kilometer, das ist euch doch klar«, sagt Karl, der jetzt seine Tarnkappe wiedergefunden hat, der den Job des Warners, des Mahners, desjenigen übernommen hat, der die Situation als angeblich einziger noch zu kontrollieren in der Lage ist. Zumindest auf den ersten Blick scheint das zu stimmen, denn niemand antwortet ihm.

»Es ist alles eine Frage für Idioten«, sagt dann irgendwann Gottfried und berührt seinen Freund Karl, damit der es nicht übelnimmt. »Steht doch in jedem Abfragebogen in den bunten Wochenendbeilagen der Spießerzeitungen. Was tun, wenn heute dein letzter Tag ist? Heute so leben, als wäre morgen Schluß, antworten die meisten, Politiker, Wirtschaftskapitäne,

Kulturschwachköpfe. Da sind sie sich einig: Der erste Tag vom Rest des Lebens, ach Scheiße!« »Alles und nichts«, sagt Eli. »Alles und nichts. Nutzt gar nichts. Auch siebenhundert Kilometer machen da gar nichts aus.«

»Na klar«, sagt Karl, »ein Spiel für Idioten, ein Spiel für uns. Wie immer sind wir dabei, beim Alles und nichts.«

»Ja«, meint Gottfried. »Alles und nichts. Es hat sich immer alles geändert«, murmelt er, »durch den Tod. Durch den Tod ist immer alles anders.«

»Was sagst du?« fragt Karl, der gerade fährt und kaum den Kopf wendet. »Ach, nichts«, sagt Gottfried, »es ist nur so, daß sich immer alles ändert, wenn man dem Tod begegnet. Ihr kennt das vielleicht noch nicht. Aber ihr könnt mir glauben. Ich muß es wissen. Alles ändert sich. Auch jetzt. Ohne Molcho. Nichts ist mehr so, wie es war.«

Ihr Bus prügelt sich vorwärts. Mit geduckter Stirn sozusagen, wie ein Stier beim Angriff. Immer weiter nach Norden, und immer tiefer in den Osten, denn sie haben sich für die Ostsee entschieden. Die Wege sind schmal, Teer wechselt mit Schotter und festgefahrenem Lehm wie Schatten am unruhigen Himmel.

Die Gegend liegt herbstlich still und flach und stumpf, nichts regt sich. Bäume und Büsche verbeugen sich und verbleiben in geneigter Haltung, demütig, ein Bücken vor der Obrigkeit, Unterwerfung unter wütende Gewalten, die immer alles fordern, vor allem ein ängstliches, krummes Rückgrat, zur Natur selbst geworden. Ein blankgewienerter Protestantismus liegt in der Luft, der wie eine mittelalterliche Plage das weite Land zu knechten scheint. Äcker und Wiesen rollen sich grauschimmernd aus bis zum Horizont, ein feuchtes Braun steht über ihnen. Dort dann, ein Bauer, ganz in Blau, die Mütze tief ins Gesicht gezogen, mürrisch, die Schultern gestrafft, ein schwankender Punkt in längst ermüdeter Landschaft.

»Wir müssen doch gleich die Küste erreichen«, sagt Eli an Karl gewandt, »weißt du eigentlich, wohin du fährst, hast du irgendein Ziel, das sollten wir doch haben, oder?«

»Ein Ziel!« Gottfried lacht, ungewollt klingt es höhnisch, und seine Freunde erschrecken über diesen Ton.

»Jetzt suchen wir erst einmal das Meer«, bricht Karl die Stille, »Meer ist immer gut, habt ihr gesagt, ihr sollt es bekommen, euer Meer.«

Vor ihnen dann, fast eine Stunde später, so weit der Blick reicht: Es ist das Graugrün der abendlichen See. Sie steigen aus und stehen im Wind und blicken nur. Es gibt nichts zu sagen. Das Meer und sein Rauschen halten die Gedanken fest. Es schwabbert sie wässrig ein, wie Bilder von Impressionisten. Melancholie schmerzt sich unter die Liddeckel. Dieses Grün. Es leuchtet und lockt. Flimmernd wie ein verlöschendes Licht an einem Aquarium, in dem die Biologie umgekippt ist, die Fische treiben tot, den Bauch in stillem Protest nach oben gekehrt. Die Küste ein schwindender Unterschied zwischen den Elementen. Es dämmert. Gräue weht aus den tiefhängenden Wolken, ein Sturmtief baut Luftsäulen, die taumelnd Regenschleier heranwehen lassen, saftig, sumpfig. Aus den feuchten Wänden über dem Wasser leuchtet es wieder, das Grün. Der Strand, an dem sie stehen, ist verlassen, leer, brandig. Tote Boote haben sich in den Sand gefressen. Ihre Spanten haben Risse, das Blau dicker Farbe blättert ab, die Sitzbänke sind zertrümmert, Wasser steht und brackt, Moos wuchert, es ist längst aus mit ihnen, niemand fährt mehr hinaus, nicht zum Fischen, nicht zum Spielen.

Karl, Eli und Gottfried gehen lange am Wasser entlang. Es umspült ihre Beine, die See leckt mit ihren Zungen nach ihnen, als wollte sie sie holen, zu sich, hinaus, hinab. Der aufbrausende Wind zaust ihre Haare und grollt mit seinem Schicksal als Mahner und Rufer. Über den nur noch dünnen, sinkenden hellen Rand des Himmels huschen blauschwarze Wolken wie austretendes Giftgas, gefährlich bleckend und eilig. Kein Mensch weit und breit. Die Ostsee weit und so müde. Mittlerweile ist die Dämmerung herabgesunken, und nur mit Mühe finden sie zurück zu ihrem Bus, sie frieren und die Schuhe sind voll Sand.

Im nächsten Dorf gibt es keine Kneipe, sondern nur das hellerleuchtete Gewerkschaftsheim. Es liegt etwas abseits vom Ortskern, und in einem Saal voller Leuchter, voll orangener Plastikmöbel und abgewetzten roten Polsterbezügen lümmeln ein paar alte Männer und die Dorfjugend. Ihre Blicke sind alles andere als fröhlich. An der Wand die jede Trostlosigkeit der Welt versprechende Fahne der alten Gewerkschaft, Enttäuschung und verlorene Ideale flocken an ihr herab. Ihre Troddeln sind staubig und haben längst aufgegeben. Eli, Karl und Gottfried bestellen Bier und Schnaps und bekommen einen öligen, vermutlich tschechischen Kognakverschnitt und je ein Wernesgrüner. Das Bier tut ihnen gut. Die Bedienung schaut sie an, als wären sie Angehörige einer ungeliebten Besatzungsmacht. Dabei ist die Grenze erst seit drei Wochen offen, aber vielleicht ahnt sie etwas.

Sie trinken und reden wenig. »Eines der besten Dinge, die wahre Freundschaft bringt, ist die Sicherheit, nichts sagen zu müssen, sondern sich manchmal auch nur so zu verstehen, oder?« fragt Gottfried schließlich. Es ist genau dieses Gefühl, genau jene Freiheit, jene Selbstverständlichkeit, meint er, in der die tiefen Schwingungen hörbar werden, jene Schwingungen, schwerer wahrzunehmen als die hochfrequente Freude, das membranflirrende Aufgeregtsein, das bassig pulsierende

Leben. Es ist die Sicherheit und das Gefühl, die Gedanken in ähnliche Richtungen taumeln und tasten lassen zu können.

»Dabei sehen wir verdammt ähnlich aus wie die alten Männer, die da hinten sitzen«, sagt Karl. »Die sehen so aus, als warteten sie auf den Tod oder sogar auch darauf nicht mehr. Die können den ganzen Tag lang schweigen, Hauptsache, die Gläser sind voll und sie können neben ihren Freunden sitzen. Aber ob das gute Freundschaft ist? Die haben nichts mehr zu sagen, glaub ich eher.«

»Es kann aber auch sein, daß, wenn sie nur einen Satz sagen, der Kumpel am Tisch ebensoweit gelangt ist und er versteht, fast ohne zu sprechen«, wirft Eli ein. »Kann doch möglich sein, oder?«

Die drei bleiben nicht lange. Ihre Gedanken scheinen stehengeblieben. Sie bezahlen selbstverständlich mit Westgeld, und die Leute schauen mit einer Mischung aus Interesse, Verachtung und Neid.

Nach einem letzten Blick in die Runde reicht es, und sie fahren weiter. Die Nacht ist da, aber keiner von ihnen will schlafen.

»Wir werden nicht weitermachen«, sagt Eli dann irgendwann, und alle stimmen zu.

»Oder wir machen erst recht weiter«, sagt irgendwann Gottfried, und wieder stimmen die anderen zu.

»Ich weiß nicht«, sagt dann Karl, »jedenfalls geht es so nicht weiter.« Die anderen nicken eifrig.

Am nächsten Morgen halten sie in einem namenlosen Ort, direkt an der Küste. Die Welt scheint entfernt, so weit. Sie haben Hunger. Vor der einzigen Kneipe des Dorfes stehen Fischer. Durch den Verhau stirnrunzelnder Blicke hindurch wagen sie sich und treten ein. Strenger Geruch liegt in dem kleinen Raum, und sie trauen sich nicht, nach Frühstück zu fragen, sondern schließen sich den Leuten an und trinken Grog. Die Blicke sind mißtrauisch, gemischt mit amüsierter Skepsis, zum Glück kann man die Menschen hier nicht verstehen in ihrem Dialekt, der nur entfernt an eine bekannte Sprache erinnert. Sie selbst schweigen daher auch. Nur nicht auffallen. Nur nichts reden müssen, jetzt.

Eine Stunde später hat der Bus eine Panne, die erste überhaupt, seit sie ihn geliehen haben. Sie stehen am Straßenrand, immer noch in Seenähe. Die Möwen schreien über ihnen. Ihre Blicke sind starr wie Telegrafenmasten, und mit ihren gekrümmten Schnäbeln setzen sie zum Sturzflug an. Kurz vor dem Aufschlag fangen sie ab, reißen herum, drehen und gewinnen wieder Höhe, schrauben und preschen voran, reihen sich ein in ihre Schar und kreisen wieder. Karl liegt unter dem Wagen und schraubt. Irgend etwas stimmt nicht, aber er wird es wieder hinkriegen. Sie stehen in weiter Flur, sonst nur Gras und Sand und Norddeutschland so weit das Auge reicht, und Wasser, graues, gischtendes Wasser.

Karl schafft es. »Eine Einstellungssache«, sagt er, als sei damit alles gesagt. »Alles eine Einstellungssache.«

Dann rasen sie endlich wieder auf der Autobahn. Der Weg zurück.

3

»Vielleicht schaffst du es ja jetzt einmal, mich zu besuchen?« fragt die Stimme am anderen Ende der Leitung, Juttas Stimme.

»Du kannst dir den süffisanten Ton sparen«, sagt Gottfried, »das alles ist nicht gerade einfach für mich.«

»*Das alles*«, wirft sie ihm entgegen, »lieber Gottfried, *das alles* liegt jetzt ein halbes Jahr zurück. Und es war für niemanden einfach. Aber man muß damit irgendwann fertigwerden, zurückkehren ins Leben. Karl erzählt mir, daß Eli ausgezogen ist. Und daß du nur niedergeschlagen rumhängst, nichts mehr unternimmst, nicht mehr arbeitest, keine Musik mehr machst, nichts. Glaube nicht, ich würde hier nur gefühllos vor mich hinreden. Ich weiß schon, was du vorhin meintest, was gerade *du* meinst.«

»*Ich* habe dich angerufen«, antwortet Gottfried, und Sarkasmus gluckert in seinen Worten, »ist das etwa nichts? Ich tue doch etwas, bewege mich!«

»Das merke ich. Voll begeistert. So voller Leben. Was willst du eigentlich? Erst monatelang nicht melden, kein Besuch, und kaum was reden. Was soll's, Gottfried, was soll's?«

Gottfried nimmt das Telefon, zieht am Kabel, geht durch sein Zimmer, setzt sich auf einen Stuhl am Fenster und blickt hinaus.

Warum hat er angerufen? Er hat sich auf sie gefreut, und er war in der Stimmung, sie anzurufen, zum ersten Mal. Es kam plötzlich über ihn: Natürlich war es nur *sein* Gefühl, niemandes anderen. Er ist guter Laune an diesem Montag, es ist ein Zufall, und es gibt dafür vor ihr keine Rechtfertigung, das kommt selten vor derzeit, er mag diesen Tag sonst nicht, Montag, der Tag, der brüllt wie ein Vorarbeiter. Normalerweise, aber heute ist alles anders, ohne erkennbaren Grund, vielleicht ist es nur das Wetter, oder er hat besonders gut geschlafen, vielleicht kommt ein guter Tag manchmal grundlos, nach einer Serie von schlechten Tagen. Heute. Ein Frühlingstag, die Luft, klar und sauber wie nach einem Gewitter. Eine Ionenverteilung wie im Rausch, Endorphine in der Atemluft, Droge Leben. Ein Tag, der wie aus Erde spitzende Schneeglöckchen nach Leben schreit. Blau und gelb und warm und heiter. Stunden, die alles versprechen und alles halten können, wenn sie wollen. Die Freiheit und Erfüllung sind, gleichzeitig. Stunden, wie sie früher waren, denkt

Gottfried, ganz früher, in den Tagen der Unschuld, als alles noch in Ordnung schien, aber schon längst nichts mehr im Lot war. Als die Welt angeblich noch keinen Sprung im Glas hatte, jedenfalls keinen, den ein Kind sehen hätte können. Als Gottfried noch glauben konnte. Oder, genauer gesagt: glauben wollte. Ganz früher. Sorgenlose Stunden. Blicke in eine Zukunft ohne Schranken, ohne Grenzen, ohne ein Zuvor. Das waren jubilierende Stunden, und dieser Morgen heute, das Jetzt, es hat in ihm auch kurz aufgejubelt, die Welt küßte und herzte ihn.

Und er spürt es immer noch: Die Welt singt und tanzt für ihn. Und was es ist, das ist gleich, ganz egal, das Gefühl erinnert in seiner Janusköpfigkeit an eine langsam heilende Verbrennung: Nie weiß man ganz genau, ob man den Schmerz als Kälte oder nachwirkende Hitze spürt. Immerhin: Es ist ein Gefühl, und es ist da, und das ist das Fest dieses Tages, der ein Tag des Lebens für ihn werden soll, er muß es werden. Die Menschen, die Gottfried beim Einkaufen beobachtet, scheinen ähnliches zu empfinden, sie lachen und strahlen. Es ist Montag, und sie haben eine Samstagnachmittagsstimmung, Laubenpiepergeschnatter. Ja, denkt er, das ist ein Tag ohne Wenn und Aber. Ein Tag wie ein Anfang. Oder zumindest ein Zuruf. Ein Hallo. Ein Tag wie eine Einladung. Aber von wem? Und wohin? Ja, genau deshalb hat er angerufen. Aber soll und kann er das jetzt alles erklären? Er müßte, er sollte, aber er tut es nicht.

»Ich hatte Lust, mit dir zu sprechen, dich wiederzusehen«, sagt er schwach, es klingt desinteressiert, und das bereut er.

»Soso«, sagt sie. »Du hast Lust. Das ist ja schon mal etwas. Muß man schon mit zufrieden sein, heutzutage. Und wann und wo sollen wir uns treffen, wenn du schon nicht zu mir rauskommen willst? Paß auf, ich mache dir einen Vorschlag. Ich bin heute abend bei einer skurrilen Verkleidungsparty eingeladen, ›Stunde Null – 40 Jahre Kriegsende‹ oder so ähnlich ist das Motto, sie findet bei Tom statt, kennst du Tom? Na klar kennst du den, da war doch im letzten Jahr auch eine Fete, und du warst mit den anderen dort, erinnerst du dich? Also: Besorge dir irgendwas Altes zum Anziehen, eine Uniformhose und ein altes T-Shirt oder ein Barett reicht auch schon, heute ist doch der 8. Mai, es gibt etwas zu feiern, und Tom steht doch auf diese Kostümfeste. Also, gib dir einen Ruck und komm! Ich werde jedenfalls so ab neun Uhr dort sein, dann sehen wir uns, dann können wir reden, o. k.?«

Es geht auf zehn, als Gottfried ungeduldig wird und denkt, daß sie jetzt langsam kommen könnte. Er steht inmitten ihm unbekannter Gäste, fühlt sich nicht so recht wohl in seiner Haut, dieses erste Mal unter Menschen seit sieben Monaten. Gerade beugt sich der Mann in der Uniform eines Generals der kanadischen Armee auf seinem Barhocker vornüber, um seiner Nachbarin, einer grell geschminkten Lale Anderson, in den voluminös gefüllten Ausschnitt zu spähen. Er tut das mit so fulminanter Unverschämtheit und so absichtlich ungeschickt, daß sie das erkennbar charmant findet und auch nicht böse wird, als er ihr Cocktailglas umwirft und das ganze süßliche Zeug ihr über den Rock und die bloßen Schenkel läuft.

»Es ist ein warmer Abend«, haucht er grinsend, »es wird schon wieder trocknen, meinst du nicht?«

Sie findet ihn immer noch amüsant und lacht. Die mit einem Zahnstocher durchbohrte Kandiskirsche kullert lasziv auf dem straffen Stoff über ihrem Schoß, und sie blickt dem General in die glasigen Augen. »Kirschen finde ich gut«, sagt sie.

Der General zwinkert mit jungenhafter Frechheit, und seine Schirmmütze verrutscht bei der nervösen Bewegung, mit der er sich vor lauter Begeisterung über seinen Erfolg an den Kopf greift. Gottfried schüttelt den Kopf und läßt die beiden sitzen, schiebt sich statt dessen durchs Gedränge.

»Und du?« fragt er die ihm entgegenflutenden Leute immer wieder, teils aus Unsicherheit, teils, um sich die Zeit zu vertreiben, teils weil die Verkleidungen wirklich zu schlecht sind.

»Derrr Führrrerrr«, schnarrt ein schuhcremeverschmierter Bärtchenträger, der erst auf den zweiten Blick als Hitler-Imitat zu erkennen ist, zu derangiert wirkt er bereits.

»Das sieht man aber auch nicht sofort«, sagt Gottfried.

»Es ist ja nun auch nicht gerade mein Tag, nicht mein Jahr, nicht *mein* Sieg«, antwortet Adolf und läßt sich weitertreiben.

Da hat er recht, denkt Gottfried. In den einzelnen Zimmern hat der Gastgeber die Flaggen der Sowjetunion, der USA und den Union Jack aufgehängt. Auf einem Leintuch an der größten Wand steht gepinselt das Motto: Stunde Null.

»Das sieht vielleicht künstlich aus«, lallt der Führer, den die wogende Menge plötzlich wieder in Gottfrieds Nähe geschwemmt hat. Gottfried dreht sich um und sieht, wie er sich gerade mit einem Matrosen der Schwarzmeerflotte anlegt.

»Das ist ein Erste-Klasse-Anker«, erwidert der muskelbepackte Bursche und spannt den Bizeps, auf dessen Fleisch seine aufgemalte Anker-Tätowierung zentimeterweit springen kann.

»Totaler Mist«, schimpft Adolf, der offenbar seine Rolle ernst nimmt und Streit sucht.

Ein viel zu wohlgenährter KZ-Häftling tritt zu den beiden, schiebt die zerrissene Kluft an seinem Arm hoch und zeigt ihnen triumphierend seine mit Kugelschreiber aufgetragene Häftlingsnummer. »*So* muß das aussehen«, sagt er selbstbewußt.

Der Hitler streicht sich seinen pomadisierten Seitenscheitel aus der Stirn, wischt sich mit dem Unterarm den Schweiß vom Gesicht und verschmiert dabei endgültig sein Bärtchen. »Ich sage euch«, plärrt er und feuchtet beide Daumen mit Speichel an, »das ist doch *alles* schlecht gemacht«, und wischt überraschend flink über die Hautzeichnungen des Matrosen und des Häftlings. Die mühsam aufgemalten Symbole verschwimmen augenblicklich zu blaßblauen Streifen.

»Du bist vielleicht ein blödes …«, schreit der Matrose und haut dem Hitler mit der flachen Hand kräftig vor die Brust. »Hau ab! Du bist ohnehin tot, völlig fehl am Platz, du hast hier nichts zu suchen! Verschwinde, Hitler, verschwinde!« Und zu Gottfried gewandt meint der Matrose: »Es war klar, daß gerade er den Hitler machen muß. Stadtbekannter Idiot. Verklemmter Medizinstudent, der dir immer irgendwelche Sauigeleien erzählen will, von seinen Leichen, die er aufgeschnitten hat, oder von Patienten, die er kennenlernt bei seinen Krankenhauspraktika, vorzugsweise Geschichten aus dem Geschlechts- und Verdauungstrakt.«

»Dann paßt der Hitler ja«, meint Gottfried.

Auch der KZ-Mensch schimpft, im Lärm von Wortfetzen und Musik sind seine Worte für Gottfried aber nicht zu verstehen, er muß ohnehin lachen, weil ein etwas zu klein geratener Stalin gerade an den Matrosen seiner Flotte herantritt und ihm unter allgemeinem Applaus eine Flasche Wodka anbietet. Die bizarre Szene eskaliert weiter in dem Moment, als der Gastgeber auf das heftige Läuten an der Tür reagiert und endlich öffnet. Eine über und über mit Schminke bemalte Trümmerfrau tritt ein. Hinter sich her zieht sie einen kleinen Leiterwagen, in dem Kohlen, Steine, Stoffetzen und Jutesäcke liegen. Großes Hallo natürlich, die Stimmung kocht. Gottfried schaut einen kurzen Augenblick nervös, ob nicht etwa Jutta hinter der Maskerade steckt, aber es kann nicht sein, die Frau ist schon umringt von ihren Bekannten, sie lacht und wirft den Kopf in einer ihm völlig fremden Bewegung.

Gottfried holt sich noch ein Bier und denkt, wenn sie jetzt nicht bald kommt, dann … Er setzt sich, wartet. Es wird elf, und Jutta ist immer noch nicht da. Jetzt reicht es ihm. Er trinkt noch aus, bringt die Flasche zurück, dann wird er gehen. Gottfried öffnet die Tür zum Nebenraum, wo die Getränkekisten stehen. Er knipst den Schalter an, und flackernd springt Neonlicht ins gläserne Rund einer alten Küchenlampe und wirft harte Schatten in das Zimmer. Als Gottfried gerade die leere Flasche in den Kasten gleiten läßt, hört er das Schnarchen. Er blickt auf und sieht den Genossen Stalin. Der liegt auf einem Schrank, wer weiß, wie er da hinaufgekommen ist. Er liegt dort auf dem Bauch, ziemlich erschöpft wie es scheint, im Schlaf baumeln alle viere herab. In der einen Hand hält er noch die halbgeleerte Wodkaflasche. Sein Gesicht trägt die höheren Weihen, alkoholisiertes Glück scheint seine Nasenspitze zu kitzeln, und er lächelt, selbst jetzt, als Gottfried ihm vorsichtig die Flasche entwindet, sie auf einen Tisch stellt und kopfschüttelnd den Raum verläßt. Als er in das große Zimmer zurückkehrt, laufen gerade die Ramones, und der ganze Raum scheint aufzukochen wie heiße Milch, ein Stroboskop flackert am Boden, die Bewegungen der Tänzer zucken, Menschen laufen durch Gottfrieds Gesichtsfeld wie auf der Flucht vor der Wahrheit.

Und plötzlich sieht er sie. Sie hat ihre Ateliersklamotten an, das sieht er sofort, ein alter Blaumann, über und über bespritzt mit Farbe, und sie lächelt entschuldigend und verschmitzt zugleich. Sie gehen aufeinander zu, lachen vorsichtig, freuen sich.

»Nach sechs Monaten machen zwei weitere Stunden auch nichts mehr aus, oder?« fragt sie und fährt gleich fort: »Ich habe einfach über meiner Arbeit die Zeit vergessen, tut mir leid …«

Gottfried hat starre Augen, die sich in die von Jutta bohren, Glück und musikgepeitsche Offenheit sprühen aus ihnen, unübersehbar freut er sich so sehr, daß sie gar nichts hätte sagen müssen, seine Wut ist verflogen, er hat vergessen, daß er schon gehen wollte. Ihm ist es, als stünde er unter Starkstrom, sein Mund redet wie von alleine, alles läuft wie von alleine, es sind Momente, in denen alles paßt, in denen die Selbstkontrolle endlich einmal weg ist.

Jutta sieht seinen intensiven Blick, und sie hat auch alles vergessen, ihre früheren Vorwürfe und Ermahnungen und noch den Wunsch von gestern, dem Jungen endlich einmal zu sagen, daß es so nicht weiter und so mit ihnen nicht lang gehen kann. Sie reden miteinander, als hätten sie vergessen, was es heißt, zu sprechen, mit Händen und Beinen, sie schreien und rufen, wenden und drehen den Kopf, runzeln die Stirn über das, was sie nicht verstehen, im Lärm der pulsierenden Musik kommen die Worte zerfetzt an, das Sprachzentrum spielt Lego und baut die Teile zusammen, wie sie gerade hereinprasseln, ungefähr wird es schon stimmen. Es ist so wenig wichtig, *was* gesprochen wird, denkt Gottfried, Hauptsache man spricht, es geht nur um den Ton in diesen Momenten, um die Chemie zwischen ihnen und um den Rhythmus, wie sie sich austauschen, den Rhythmus, in dem sie lachen, es geht nur um direkte Blicke, kleine Berührungen, ein Lächeln hier, Aufmerksamkeit da, Verlorensein im Lärm und geistige Rückkehr zum richtigen Zeitpunkt. Es vergehen halbe und ganze Stunden, und nur zufällig bemerkt Gottfried die Blicke der anderen, ein aufmunterndes Nicken von Tom, der kurz, fast schamhaft, Jutta begrüßt und dann wieder verschwindet wie auf Zehenspitzen in einer Frühlingswiese, um die Krokusse nicht zu zertreten.

Es ist gegen halb vier, als beide unvermittelt erschöpft sind und schweigen, sie haben sich leergesprochen, leererzählt, jetzt können sie nur noch grinsen, es ist das Grinsen glücklicher Müdigkeit. Fast zeitgleich blicken sie sich um und sehen, daß die meisten bereits gegangen sind, die Musik leiser, die Party langsamer geworden ist. Und ebenso fast gleichzeitig blicken sie einander in die Augen und sehen, was der andere sieht: Der Blick von außen auf die letzten Stunden, sie haben sich selbst gesehen, ihr Lachen, ihre Blicke, ihren Flirt, ihre überspringende Sympathie, und plötzlich durchrieselt es Gottfried wieder, ein Gefühl des Frohseins, wie er es schon lange nicht mehr empfunden hat, er ist einfach nur froh, froh, hier zu sein, froh, neben ihr zu sitzen, froh, müde zu sein, froh, so froh, daß sie sich ihm überraschend zuneigt und ihn auf die Wange küßt, sachte und zart, so als wäre das das Normalste der Welt in ihrer Situation, ein Kuß, der erste Kuß, einer, der alles sagt, was jetzt zu sagen ist, ein Alles mit Fragezeichen.

»Vielleicht wäre es gut, wegzufahren«, sagt Jutta unvermittelt und gleichzeitig zögernd.

»Das hilft manchmal.« Gottfried schüttelt den Kopf, aber es ist ihm ganz selbstverständlich, daß das Gespräch endlich auf das Thema kommt. »Wieso denn wegfahren? Was soll woanders anders sein? Und wohin auch? Nutzt ja sowieso alles nichts. Alleine an einem fremden Ort weiß ich wahrscheinlich noch viel weniger weiter als hier.«

Jutta nimmt ein Papiertaschentuch und putzt sich die Nase. »Hat ja keiner gesagt, daß du alleine fahren sollst«, nuschelt sie unter flatternden Zellstoffschichten.

»Was?« fragt Gottfried, weil er zunächst nicht richtig verstanden hat oder das zumindest glaubt und erschrickt im selben Moment, als die Worte zeitlich verzögert an sein Bewußtsein klatschen wie Wellen an die Mole eines Hafenbekkens. Freude und Fluchtinstinkt vor diesem überraschenden Angriff von Nähe mischen sich in seinen Schock, und leicht errötend blickt Gottfried auf Jutta. »Du ... du würdest mitkommen?« fragt er vorsichtig.

»Warum nicht?« antwortet sie und schränkt ein: »Wenn du willst, natürlich nur ... Ich zumindest habe Zeit.«

Gottfried blickt sie scheu an. Was soll's, ob ich mir hier Gedanken mache oder woanders, was soll's, überlegt er. Und wenn sie will, kommt sie eben mit, es war immerhin *ihre* Idee.

»Und wohin?«, fragt er laut.

Jutta zuckt mit den Schultern. »Italien«, schlägt sie vor, »da ist es schon warm, und es ist nicht so wahnsinnig weit und auch nicht so teuer.«

»Ich könnte mal Molcho fragen ...«, sagt Gottfried und schluckt und korrigiert sich sofort, »... ich frage Karl, ob er den Zugplan vom letzten Jahr noch hat.«

Jutta lächelt und zieht mit triumphierender Miene einen Fahrplanzettel der Bundesbahn aus ihrem Geldbeutel. Alles abgekartet, denkt Gottfried, das ist ihm jetzt ganz klar, alles geplant, von langer Hand, sie hat ihn auf dem Gleis, auf dem sie ihn haben wollte, es führt nach Süden, seinetwegen, egal, es ist ihm egal, es soll führen, wohin es will.

»Neapel«, sagt sie bestimmt, »viel weiter geht es nicht.«

4

Der Zug fuhr am frühen Abend ab Frankfurt. Zwei Stunden hatten sie bis dort zunächst einmal gebraucht. Dann begann die Fahrt in eine rasch hereinbrechende Nacht. Wenn sie aus dem Fenster blickten, glitzerten Städte, Dörfer, Straßen an ihnen vorüber, bis sie die Augen nicht mehr offenhalten konnten und in ihrem Abteil die Bänke auszogen und sich hinlegten. Viermal insgesamt weckten sie Schaffner, Grenzer, andere Fahrgäste, einmal standen sie, vermutlich an der Schweizer Grenze, zwei Stunden auf einem Verschiebebahnhof und warteten in ihrer schmerzenden Müdigkeit darauf, daß die Unendlichkeit beginnen möge, während nur Meter von ihnen entfernt die Puffer schwerbeladener Güterwagen knallten, atemdampfende Bahnarbeiter Weichen per Hand umlegten, Bremsklötze rasende Kesselwagen mit brutalem Kreischen stoppten.

Als es Tag wurde, waren sie längst über alle Grenzen, rieben sich in Mailand die Augen, als Hunderte von Italienern auf dem Weg zur Arbeit in die Abteile sprudelten, von Bahnhof zu Bahnhof mehr, schwallartig, wie aus einer Quelle mit Schluckauf.

Zwei Stunden später hatten die Pendler ihre Aktentaschen gepackt und saßen längst in ihren Büros, und es kamen die Familien. Dicke Großmütter mit brüllenden Kindern an den Händen lächelten entschuldigend, begannen dann aber nahezu ununterbrochen zu reden, eine Mama erzählte Jutta und Gottfried vermutlich ihre Familiengeschichte, verstehen konnten sie es nicht, nur ahnen, zwischen zwei Klapsen und dem Abwischen verschmierter Kindermünder zückte sie Photos der ganzen Sippe und war erst zufrieden, als das ganze Abteil die Bilder betrachtet hatte.

Vor den Fenstern jagte eine flache Landschaft vorüber, durch deren Ebene sich gelb und träge wie ein betrunkener Riese ein Fluß wälzte. Sie konnten es kaum glauben, als sie am Nachmittag endlich in Neapel ankamen. Die Maisonne stand stechend über ihnen, brannte in ihre vor Müdigkeit geröteten Augen und zeigte, wozu sie in diesen Breiten bereits jetzt in der Lage war.

»Ich will zum Hafen«, sagte Gottfried, als sie aus dem Bahnhofsgebäude traten, und Jutta lachte nur. Gottfried nickte. Er wollte die Schiffe sehen, die riesigen Schiffe, diese geblähten Sehnsuchtskörper, er wollte das Leben und Arbeiten dort fühlen, den Schweiß und das Leiden, das allen Hafenstädte programmatisch im Gesicht steht.

Der Himmel über ihnen war stechend blau wie Autolack, die trügerische Verheißung einer Welt ohne Unterschiede. Über der Stadt brodelte ein Aerosolgemisch aus Dampf, Abgasen und Wüstenstaub. Ein ganz leichter Windzug durchflimmerte diese speckige Luft, wirbelte den Duft von Öl und totem Fisch und Schmutzwasser auf und rührte den Gestank brütender Kloake hinein. Dann wieder fächelte der Hauch sättigenden, fetten Dunst frischer Kichererbsenpaste heran, den dicke Frauen in geschäftigem Schwatz mit ihren Kunden als magenfüllende Zwischendurchmahlzeit verkauften. Sie kamen an Werkstätten vorbei, aus denen Hämmern klang, Blech auf Gußeisen, sie spähten hinein und sahen nackte, schwitzende Männerkörper in gebeugter Haltung über geöffneten Motorhauben, die Mechaniker wandten sich auf eine seltsam liebevolle Weise ihren Autos zu, etwa so, als unterhielten sie sich gerade wie Ärzte mit ihren unvorsichtigen Patienten, als schmeichelten sie ihnen, wiegten sie in Sorglosigkeit vor dem schmerzenden Eingriff.

Dann gingen Gottfried und Jutta weiter, sie hatten nicht viel Gepäck, es machte ihnen nichts, noch ein wenig zu gehen. Sie fanden einen Platz an der Mole, weiter draußen, wo man den Blick hinaus aufs Meer schweifen lassen konnte.

Gottfried atmete durch und lächelte Jutta plötzlich zu. »Endlich Ruhe«, sagte er.

»Ja«, erwiderte sie schlicht.

Ihre Beine baumelten über dem brackigen Wasser, das mit schlürfendem Geräusch zwischen den Steinen der Mole schlippte, ganz so als ob Kinder, den Kopf nach hinten gebeugt, den Suppenteller über sich, das letzte Schlückchen rausschlippten. Jetzt erschien Gottfried das Strahlen der Sonne freundlich, schelmisch fast, ein grinsender Blick auf ihn und Jutta, wie sie hier so saßen und noch nicht wußten, wo sie schlafen würden heute nacht, noch nicht wußten, was sie hier eigentlich wollten, ein grinsender Blick, eine Einladung an ein neues Leben. In ihrem Rücken lachten die Menschen, eine Gruppe von Schülern kam vorüber, sie zeigten mit den Fingern auf sie und lachten hinter vorgehaltener Hand. Jutta und Gottfried lachten zurück und verstanden kein einziges Wort im freundlich-neugierigen Redeschwall der näher kommenden Kinder.

»Es gibt einfach nichts Schlimmeres als den Tod«, sagte Gottfried unvermittelt. Jutta antwortete nicht. »Kennst du den Tod?« fragte Gottfried. Jutta schwieg. »Ich jedenfalls kenne ihn, wirklich. Wenn ihn einer kennt, dann ich. Ich weiß nicht, ob ich dir davon schon einmal erzählt habe, oder die anderen vielleicht? Egal. Erst meine kleine Schwester, o. k., da habe ich nicht viel mitbekommen, ich war viel zu klein, ich habe keine Erinnerung, sie ist gestorben, an irgendeiner dummen Erkältung, bevor ich auf der Welt war, aber das ist hart, wenn du es irgendwann erfährst, das kannst du mir glauben, eine Schwester zu haben, die einzige, die dann auch noch tot ist, und wenn du deine Eltern siehst, denen das ins Gesicht geschrieben ist, ihr Leben lang.« Gottfried atmete tief ein. »Na ja, und dann meine Mutter. Das habe ich damals auch kaum wahrgenommen. Starb an Krebs, ging ziemlich schnell, ich glaube, ich war damals schon innerlich weggetreten, das hat mich damals gar nicht so sehr getroffen, schlimmer war das, was danach kam, die Streitereien mit meiner Tante. Na ja, Molcho und ich sind ja dann bald weg, und das war gut so. Aber das hat mich die ganze Zeit begleitet, das läßt einen nicht mehr los, es war oft, als läge ich unter feuchten Decken begraben, als würde ich alles, das ganze Leben vom Nebenraum aus durch eine milchige Glasscheibe beobachten, kannst du dir das vorstellen? Ich habe versucht, das alles zu vergessen. Meine Mutter, meine Schwester, die ganzen Geschichten von früher. Aber dann kommt Molcho …«, Tränen stiegen ihm in die Augen, es waren die ersten seit der Beerdigung, »dann kommt Molcho und stirbt auch noch, Molcho und ich, weißt du, wir kannten uns schon seit dem Kindergarten … er war, wenn du so willst, mein einziger echter Freund in all den Jahren … und mit seinem Tod, da rückte mir plötzlich alles an die Gurgel, was ich bislang vergessen konnte, verdrängt habe, plötzlich ist es da, und du kannst den ganzen Toden, die du schon miterlebt hast nicht, nicht mehr ausweichen.«

»Du mußt mir das alles nicht erzählen«, sagte Jutta leise, aber er machte weiter.

»Laß mal«, sagte Gottfried, »es tut mir gut. Ich habe ja über nichts anderes nachgedacht in den letzten Wochen.«

Sie lagen auf dem Bett in Zimmer 34 der schäbigen Pension, deren Besitzerin allerdings freundlich war und ihnen zublinzelte, als sie den Schlüssel herausgab. Weil die Matratze so weich ist, waren sie fast automatisch aufeinander zugerollt, in der Mitte traffen ihre Körper einander. Juttas Wärme und Nähe gaben ihm Sicherheit, Gottfried dachte nicht mehr bewußt, ließ die Gefühle taumeln.

Jutta hatte einen winzigen Kassettenspieler im Gepäck, er stand am Boden, und ganz sanft tönte es aus seinem Lautsprecher. *You can change your life, you can change your heartbeat, you can change your life now.*

»Wer ist das?« fragte Gottfried. »Kennst du nicht«, antwortete sie müde und rollte sich auf die andere Seite, weg von ihm. »Heißen ›1000 Mexicans‹, seltsamer Name, seltsame Band, seltsame Musik.«

»Hmmh«, machte Gottfried.

Die Takte trudelten durchs Zimmer, die Zeit schien sich

zu brechen, verkrümmte sich wie an den Flügelspitzen den Himmel durchkreuzender Flugzeuge.

»Molcho«, sagte sie. »Es ist seltsam. Gerade mit ihm hast du dich so gut verstanden, schon erstaunlich. Molcho, der sich von fast nichts einschüchtern ließ, vom Tod schon gar nicht. Hat er dir einmal sein Epikur-Buch geliehen?«

»Sein Lieblingsbuch«, flüsterte Gottfried, »ich habe nie darin gelesen.«

»Das hättest du vielleicht tun sollen. ›Der Tod berührt uns nicht‹, ist so einer von den Lehrsätzen dort, den sogar ich mir merken konnte. Der Tod geht uns nichts an, heißt es ungefähr, denn solange wir sind, ist er nicht da, wenn er aber da ist, dann sind wir nicht mehr.«

»Das ist es ja gerade!« rief Gottfried und richtete sich auf. »Es geht doch nicht um *meinen* Tod, es geht um den der anderen! Das ist das Schlimme!«

»Ich weiß nicht, Gottfried. Ich verstehe es anders. Für mich ist das ein und dasselbe. Mein Tod, dein Tod, Molchos Tod, jedermanns Tod. Das ist alles eins. Es gibt nur das Leben und nur den Tod, kein Dazwischen, alles Weinen und Trauern hilft dir nicht über diesen Graben. Du mußt leben, denn sonst ist da nur Tod.«

Sie schwiegen nun schon seit einer halben Stunde. Es ist gut, dachte Gottfried, es ist gut für heute. Er drehte sich auf die Seite und blickte sie an. Nach einigen Minuten drehte sich auch Jutta um, und nun lagen ihre Gesichter nur wenige Zentimeter voneinander entfernt. Sie hob ihre Hand und strich ihm sanft über die Haare, einmal, zweimal, dreimal. Es zählt nur das Jetzt, dachte Gottfried, das Leben. Jetzt: Ihre Augen glänzen, fein, feucht, sinnlich ihn und sich verspiegelnd, es ist nur ein Hauch, ein Hauch auf ihren Augen, und plötzlich durchrieselte es ihn, es zog ihn hin zu ihr, und auch sie sah es, aber sie rührte sich nicht. Dieser Hauch: Er hüllte ihn ein, er weichte ihn innerlich auf, er fühlte sich geworfen in Luftlaken, Wärmeschleier, durchschwebenden Stoff. Und er besänftigte die grausamen Gedanken in ihm, in ihr vielleicht, in allem. Seine Blicke glitten über ihr Gesicht, ihre jetzt geschlossenen Augen, über die Täler und Berge von Nase und Mund, sein Blick, zart wie der Finger auf einer neuen Landkarte. Er faßte sie an, und sie wehrte sich nicht, warum auch, dachte er später. Ihre Haut war weich, das Licht der Dämmerung brach sich schillernd an den Hügeln ihrer Konturen, es ist ein Traum, dachte er, jetzt doch wieder, obwohl er nicht denken will, eine verfliegende Stimmung, er wollte sie festhalten wie eine Erinnerung an Weihnachten in Kindheitstagen, aber es gelang nicht, die Sekunden nahmen ihm sein Glück, er spürte die Zeit zerren an diesem Moment, dessen Gefühle er auf ein Polaroidbild bannen wollte, in Chemie fassen wollte, in Physik, in Stein hauen, in etwas Greifbarem festhalten, das ist das Leben, dachte er, das und nichts anderes, es kommt alles nie wieder, nie.

Ein Lächeln auf ihren Lippen schlich sich heran, als könnte sie Gedanken lesen, es wurde kräftiger, packte mit aller Kraft, riß empor, spannte, besetzte und rüttelte, unfaßbar, wie in strömendem Arterienblut, warm und mild, voller Leben, voll Macht und Angst, und genauso überraschend traf ihn der Kuß auf seinen Lippen, er fühlte ihn sich ausbreiten wie platzende, pulsierende Gefäße, deren Flüssigkeit warm verspritzt. Er sah sie an, sah sie atmen, leise, ganz unfaßbar, die Automatik des Lebens, das Pumpen des Herzens, die Lunge in regelmäßiger Bewegung, die Nasenflügel, wie sie sich weiten und wieder stehen, millimetergenau, nicht zu bremsen.

Sie lagen da, und Stunden komprimierten zu Sekunden, obwohl die Nacht draußen hereingebrochen und von den

Gassen nichts mehr zu hören war. Kleine Leben flogen an Gottfried vorbei, kleine Tode, dutzendfach. Jedes Gespür war eine Nebenwelt, die er bislang nicht kannte, ein Parallelraum, wo alles im Minus war, was sonst Plus, wo die Zeit rückwärts lief, der Raum implodierte. Er hörte sie reden, wie zeitverzögert, Worte wie in Gelee, Worte, die dann doch in ihn eindrangen wie ein wuselndes Spermium in das Ei, Buchstabe für Buchstabe, langsam und klickend, ein hörbarer Chromosomenreißverschluß, wo sich die Basen ineinanderhakten. Die Worte drangen in ihn, zerstreuten sich im Labyrinth des Denkens. Gottfried meinte plötzlich, neben der Szene zu stehen: Er war ganz fern, er hatte mit diesen einander streichelnden Körpern nichts zu tun, konnte das alles nicht fassen. Die Wortbewegung, nicht der Inhalt, wärmte die Innenwände seines Denkens, er verstand nicht, aber es wurde warm, die Blutstrom-Wortbewegung, Reibungswärme an den Schranken zum Verstehen, sie dehnte und weitete die Gänge. Jetzt küßte auch er sie, spürte bei seiner Lippenwanderung ihre Augenbrauen, weiche, sich sträubende Bollwerke, zeichenhaft gekraust, Abwehrwerke, so kam es ihm vor, Werke, die er nehmen mußte, sie waren ungeschminkt von allem, unbeeindruckt, unverzerrt von Lust und Stimmung. Nicht einnehmbar! skandierten die Verteidiger von den Zinnen, nicht einnehmbar!

»Starre mich nicht an wie ein Kaninchen«, brach sie das Schweigen, und die Worte waren wie Ohrfeigen für ihn. »Du brauchst dir nicht zuviel darauf einzubilden«, hörte Gottfried. »Ich habe dich gern, vielleicht auch ein bißchen mehr, und wir streicheln uns ein wenig, aber das ist auch schon alles.«

Bis hierher und nicht weiter, dachte Gottfried, genau das schrien ihre Augenbrauen, er hat es doch vorhin schon gewußt. Zutritt verboten. Das ist schon in Ordnung. In ihren

Augen schwamm jetzt eine unbestimmte Traurigkeit, eine ölige Umbrabrühe, in die die Zärtlichkeit ein paar grünpastellene Kringel gerührt hatte wie in einen Teig für Marmorkuchen.

»Ist schon in Ordnung, ich habe gar nichts Konkretes gedacht«, sagte Gottfried bedächtig und wollte sie erneut küssen.

Sie aber wendete sich ab. »Ich bin doch nicht wahnsinnig«, sagte sie und verstummte dann, sagte den Rest nicht mehr, den sie aber so laut dachte, daß man es fast hören konnte.

Gottfried mußte es gar nicht hören. Er drehte sich auf den Rücken. Sie hat ja recht. Mit ihm ist nicht viel anzufangen. Er hing wie ein müder Sandsack in der Ecke des Boxstudios, das sein Leben ist, und wartete auf den nächsten Sparringpartner, der ihn schlug. Aber es war ihm auch nicht klar, wie er aus diesem Tief herauskommen sollte. Er wußte es nicht. Er wußte nichts. Molcho war tot. Seine Mutter war lange tot. Seine Schwester noch länger. Sein Vater war weit weg. Die Band hatte sich praktisch aufgelöst, sie sahen einander nicht mehr oft, im Keller schimmelten die Instrumente und Geräte. Er wußte nicht, warum er dort lebte, wo er lebte. Es war keine Heimat. Er hatte keine Arbeit, und das letzte Geld trug er in der Tasche. Danach war das Ende der Straße erreicht. Wenn er zurückkam, dann war es soweit. Tiefer konnte er dann nicht mehr fallen. Was tun, wenn einem nichts einfällt, dachte er. Er sagte es laut: »Was tun, wenn einem nichts einfällt?«

Jutta schüttelte den Kopf. Eine ganze Weile sagte sie nichts. Dann antwortete sie mit nur schlecht unterdrückter Wut. »Keine Weinerlichkeit, Gottfried«, sagte sie. »Keine Wehleidigkeit. Kein Gejammer. Fragen ja, aber auch Fragen, auf die es Antworten gibt. Antworten von dir selbst. Nicht von mir. Werde erwachsen, Gottfried. Das ist vielleicht die letzte

Chance. Keiner hilft dir dabei, auch ich nicht. Das ist mir auch zuviel. Du mußt es schon alleine machen, hörst du? Alleine, alleine!«

Er blickte ihr in die Augen und sah dort eine wirre Verzweiflung, und da wurde es ihm klar. Sie kannte es. Sie kannte das alles. Sie hatte auch vieles durchlebt. Sie sprach aus Erfahrung. Daher ihr Mißtrauen. »Du kennst es«, sagte er.

»Nein«, sagte Jutta. »Ja«, sagte Jutta. Und dann wieder »Nein.« Stille. »Es interessiert nicht, was war«, sagte sie. »Und wenn es dich jetzt interessierte, dann doch viel zu spät. Warum erst jetzt? Es ist eins der wenigen Male, daß du überhaupt nach anderen Menschen fragst, ist dir das noch nie aufgefallen? Was weißt du denn schon von mir?«

Ja, was wußte er? Aber sie wollte jetzt nicht mehr reden, sie gab ihm den Rest. »Immerhin, du fängst an zu fragen, du siehst zum ersten Mal mehr als nur dich selbst. Das ist gut, das ist ein erster Schritt. Die anderen wirst du aber auch noch gehen müssen. Alleine. Morgen fahre ich zurück. Allein. Du solltest noch ein wenig bleiben. Nimm dir Zeit, nimm dir die Ruhe. Und rufe mich an, wenn du zurückkommst. Ich gehe jetzt schlafen.«

Sie beugte sich noch einmal zu ihm hinab und gab ihm einen letzten Kuß. Dann schliefen sie ein, Seite an Seite, ohne weitere Worte. Neun Stunden schliefen beide traumlos wie tot.

5

Am Ufer, mitten im Schmutz, spielten Kinder. Lachend, fröhlich: der Urschrei, gutgelaunt. Sie bemühten sich, nicht abzurutschen auf dem Algenschleim. Wieder saß Gottfried an einem Hafen, aber er hatte schon den Heimweg angetreten, äußerlich wie innerlich. Er spürte es genau: Das war der Weg zurück.

»Schluß mit dem Davonlaufen!« hatte ihm Jutta nachgerufen, als ihr Zug schon anfuhr, er sich schon abgewandt hatte, schon Richtung Ausgang ging. Und so hatte sie ihn gezwungen, sich umzusehen. Sie hing aus dem Fenster, schrie ihren Abschiedsgruß, aber winkte nicht. Nur ihr helles Gesicht ragte aus dem weit geöffneten Fenster. Einen Tag später war Gottfried nach Venedig gefahren und von dort weiter in ein kleines Dorf am Rande der Lagune.

Dort ist der Himmel verhangen, ein feuchtes, seidiges Grau hing über der Welt, schmeichelnd, als entschuldige es sich dafür, nicht blau zu sein. Ewig frischer Seewind strich durch die Gassen und Straßen, über die kleinen Brücken und flachen Dächer. Alles wirkte wie im November, und Gottfried war das gerade recht, zeitlos, kraftverheißend erschienen ihm diese Tage, Zeitlosigkeit, die die Lagune leben und sterben ließ, jeden Tag neu.

Die Gasse am Kai, wo sein Zimmer lag, war morgens belebt, wie nie sonst am Tag. Auktionäre aus der nahen Stadt flüsterten den Fischern Zahlen ins Ohr, diese wiegten die Köpfe, verzerrten ihre runzligen Gesichter, hin und wieder nickten sie, dann belebte sich eine kleine Gruppe, ein Käufer rief seine Helfer, diese hoben die Kisten voll pladdernden Fischs, und so zogen sie von dannen, wie Sieger in einer Schlacht, die sie nicht zu schlagen hatten. Ein üblicher Werktag, so schien es. In den Mundwinkeln der Männer hingen Filterlose, dunkle Ringe lagen unter ihren Augen, Tränensäcke voller Nachtstunden.

Jugendlichkeit war hier spätestens mit fünfundzwanzig Jahren Vergangenheit, dachte Gottfried. Stundenlang konnte er vor dem Haus sitzen und den Markt, die Gesichter beobachten. In ihnen suchte er nach jenem festen Charakter, den das harte Leben auf See und als Fischer angeblich schuf, aber er sah nichts. Genaugenommen waren sie nur müde und alt und zäh, vor allem zäh, das ihnen allen gleiche Merkmal, Menschen, die nach Aussage ihrer Gesichtszüge alles aushalten würden, was auch immer käme, im Rest des Lebens und danach.

Gottfried versuchte es einzuatmen, dieses Widerständige, diesen Überlebenswillen, diese Härte einer anderen Welt, an der er wachsen könnte, wenn er wollte, das spürte er. *So* ging es auch, dachte Gottfried. So konnte man auch leben. Warum konnte nicht auch er so sein? So hart und selbstverständlich arbeiten? Innere Ruhe im Rhythmus des Meeres, des Windes, der Berge, des Landes, der Natur, den Jahreszeiten finden? Etwas schaffen, sich Ziele setzen, sie auch erreichen, zufrieden sein? In entfernten Gassen klappten Fensterläden, Frauen beugten sich über Brüstungen, ihre Gesichter flatterten über der Wäsche wie Wimpel der Armut, leise Balladen kleiner Tragödien wiegten sich wie die Bettlaken im Wind, sie dufteten nach Leben und nach Tod, und in ihnen sang ein Spott über das Bild von Venedig, das die Touristenführer zeichnen und die Filmemacher, die vom Tod angeblich so viel verstehen, und im Grunde genommen so wenig. Nur die alten Häuser in den Sträßchen schienen dem Lebenswillen ihrer Bewohner ein zweifelndes Stirnrunzeln entgegenzusetzen. Während der Putz in scharfen Blättern abbröckelte, wurden ihre Zimmer zu Meditationsräumen auf dem Weg zum Sterben. Gefängnisse für die Alten, die übriggeblieben sind. Wo waren die jungen Leute hin? Wenn morgens der Inhalt mancher Nachttöpfe immer noch in die Rinnen der Gassenmitte klatschte, so, als wäre die Zeit stehengeblieben, als wären Kanalisation und Elektrizität unheimliche Veränderungen von außen, dann schien es Gottfried, als hörte er ein leichtes Seufzen im Wind, ein Seufzen der Menschen vielleicht, ganz leicht nur, ein müdes Seufzen, aber ohne Verzweiflung, vielleicht nur ein Blick in den Geldbeutel oder ein Gedanke daran, wie es früher war. Viele spürten das wohl nicht, und das war gut so. Er aber spürte es, und es war kein gutes Gefühl. Aber das machte ihm ausnahmsweise wenig aus. Es gab in diesem Moment kein gutes Gefühl. Jutta war weg und hatte in ihm ein Gefühl hinterlassen, als beiße er auf einen Austernpilz, schleimig-süßlich-weich und bei härterem Biß dann doch knackend.

Ich habe Zeit, dachte Gottfried. Er saß in einer kleinen Bar. Verwitterte Gesichter um ihn herum beobachteten ihn genau, aber nicht unfreundlich, mißtrauisch wie Ochsenfrösche am hellen Nachmittag, wenn sie mit kecken Augen aus ihren Seerosenblatteppichen schielen. Er hatte einen Grappa bestellt, und alle hatten gelacht: Dann halfen sie ihm bei der weiteren Bestellung, zeigten ihm Brot und Wein, Oliven und Sardinen, sie lachten, schlugen ihm auf die Schulter. Gottfried saß zufrieden an der Bar, alle Gedanken waren wie Stühle in den Hintergrund gerückt, der Traubenbrand gurgelte in seinen Adern, die Spiegelwand gegenüber warf keine Bilder mehr, sondern nur noch Ahnungen zurück in den Raum.

Gottfried lächelte. Der Schleier lüftete sich. Langsam. Dieses Dorf tat ihm gut. Das Nicht-Verstehen. Das Nicht-verstanden-Werden.

Er blieb eine Woche, dann fuhr er zurück. Er fühlte sich besser, ohne zu wissen warum. Er kam an am Sonntag vormittag, wunderte sich über das gute Wetter und wußte nicht mehr, warum er weggefahren war.

In der Unterführung, durch die er gehen mußte auf dem Weg zur Wohnung, lag ein Betrunkener. Er schlief, hatte jedenfalls die Augen geschlossen, alle viere von sich gestreckt.

Er röchelte, aber auf eine ungewöhnlich sanfte Art, es war mehr ein Flirren des Atems, seine Wange lauschte am bloßen Grund.

Eine Ecke weiter hört Gottfried plötzlich Rascheln. Da pinkelt wohl einer, denkt er und entdeckt dann den Mann im Parka, er steht mit übergezogener Kapuze in der blitzenden Sonne, in den blaugrauen Schleiern, die ein Glockenläuten erschüttert. Komisch, denkt Gottfried. Kennt er diesen Mann? Irgend etwas hat dieser Anblick in ihm ausgelöst, aber er weiß nicht was, und er kann auch diesen Mann im Parka nicht einordnen, sein Nachdenken endet bei einer trüben, bösen Ahnung. Gottfried geht weiter. Reichlich warm angezogen ist der Kerl für dieses warme, strahlend kinderaugenblaue Frühjahrslicht, denkt er. Gottfried stapft, seinen Seesack geschultert. Irgendwie kommt ihm der Mann bekannt vor, verflixt, aber er kann den Gedanken nicht fassen, kann das verschwommene Bild nicht scharfstellen. Als er am Ende der Röhre ankommt, sieht er sie schon.

Am verlassenen Taxiparkplatz, hundert Meter hinter der Unterführung, steht zitternd eine Frau, seltsam, sie scheint zu frieren in der lauen Luft, in ihren dünnen Kleidern, ihr Büstenhalter lugt unter der zu weit geöffneten Bluse hervor, bräunlich, zerschlissen. Wieso frieren die alle, denkt Gottfried kopfschüttelnd. Die Frau kommt jetzt staksend wie ein Fohlen auf ihn zu. Gottfried kneift die Augen zusammen.

»Er ...«, stammelt sie, »er ... er hat mich überfallen ...«

»Was?« schreit Gottfried, und das Adrenalin des Erschrekkens schießt durch seine Adern, vermengt sich mit jener schlimmen Ahnung von vorhin und trübt ihm den Blick. »Wer?« schreit er die verängstigte Frau an. Erst als sie ihn mit angstgeweiteten Augen anblickt, einen Schritt zurück macht und »... Vergewaltiger ...« flüstert und mit der Hand vage

Richtung Unterführung zeigt, da spürt er seinen eigenen vermutlich völlig irr wirkenden Blick, und er geht zögernd auf sie zu, legt seine Hand beruhigend auf ihre Schulter. Sie aber zuckt zurück, und Gottfried nimmt die Hand wieder weg. Dafür drückt er ihr seinen Seesack entgegen, und *den* nimmt sie wie selbstverständlich an.

Gottfried schließt kurz die Augen, dann dreht er sich um und fängt an zu laufen. Zwei, drei schnelle Schritte, dann rennt er los. Ich kenne den Kerl, denkt er, und selbst jetzt noch, in diesen auch für ihn schon körperlich fürchterlichen Momenten, kocht in ihm eine Wut, die er nicht kennt. »Der Mann im Parka«, denkt er. Es ist ein dunkles Bild, das ihm vor die Augen tritt. Dunkles Jägergrün, braune Hosen, dicke Stiefel. Ein Kerl, wie das Schrecklichste seiner Erinnerungen. Dumpf, konturenlos, dunkel, böse. Hinter dem Gebüsch steht jetzt niemand mehr, der Kapuzenmann ist weg. Gottfried rennt weiter durch die Unterführung zurück Richtung Bahnhof. Auf dem Platz sind nur einige Kinder. Als habe das Schicksal Spaß an diesem Spiel gefunden, taucht plötzlich um eine Ecke des Bahnhofsgebäudes der Mann mit der Kapuze auf. Er sieht Gottfried, und schon im ersten Moment ist beiden klar, was jetzt kommt. Der Mann versucht erst gar nicht mehr davonzulaufen, sondern läßt seine Hand in die rechte Brusttasche seines Mantels gleiten. Als er sie wieder herauszieht, blitzt aus seiner halbgeöffneten Hand die Klinge eines Springmessers. Er scheint vor Selbstsicherheit zu strotzen.

Ist der groß, denkt Gottfried erschrocken. Vor der Kirche, ein wenig seitlich, so kommt es Gottfried vor, stehen Gottesdienstbesucher. Gottfried bleibt stehen. Er hat Angst und weiß nicht, wie es weitergehen soll. Warum kommt ihm keiner zu Hilfe? Die Leute müssen doch etwas mitbekommen haben. Der andere hat ein Messer, und er kommt näher.

Gottfried hat nichts, nur seine Fäuste. Er fühlt eine Lähmung in sich hochquellen, wie er sie nur zu gut kennt, ein Schweigen vor der Welt, ein Sich-Zurückziehen, ein Nicht-mehr-wissen-Wollen, aber gleichzeitig wird er unvermittelt wieder wütend, brüllend wütend auf sich selbst, auf diese Wehrlosigkeit, auf diese Harmlosigkeit, auf dieses Den-Problemen-Ausweichen, er geht in ihm auf, dieser Selbsthaß, strömt wie schwefelige Schwaden aus Schornsteinen. Gewöhne dich an den Gedanken, daß der Tod dich nichts angeht, denkt Gottfried, und das Bild von Jutta taucht kurz in ihm auf, nur die Lebenden sind wichtig, und diese Überlegung schärft seine Gedanken, koordiniert seine Bewegungen.

Ganz klar sieht er es jetzt vor sich: Er muß diesen Kerl schlagen, er muß ihn niederschlagen, er kann ihn nicht davonkommen lassen, wer, wenn nicht er, ist hier, um zu handeln, er *muß* einfach, und wann, wenn nicht jetzt? Wenn er jetzt nichts tut, das spürt Gottfried mit unerbittlicher Gewißheit, dann wird er nie etwas tun, dann wird er immer stehenbleiben und nicht weitergehen, dann wird er immer schweigen und nicht reden können, dann wird er immer nach rückwärts blicken und nicht nach vorne. Dieses zwingende Gefühl hat etwas Gläsernes, seine Härte ist klar und hell und kompakt, und darin liegt etwas Tröstliches für Gottfried. Mit jedem Schritt, den er jetzt auf den Kerl zugeht, mischt sich kalte Bitterkeit über dessen Tat in seine violettblendende Wut auf sich selbst. Der Mann hat längst begriffen, daß es zum Kampf kommen wird, und er hat seine Beine gespreizt, um besser zu stehen, und er wiegt sein Messer, damit Gottfried es auch gut sehen kann.

Gottfried schaut ihn genau an, versucht seine Augen zu fixieren. Und da erkennt er ihn. Scheiße, denkt Gottfried, aber es muß sein. Der Mann kommt langsam näher. Gottfried hört ihn schon atmen. Es ist ein dumpfes Atmen. Und da erkennt er ihn. Scheiße, das ist ja Höfer, denkt Gottfried. Das gibt es doch gar nicht, das kann doch nicht wahr sein. Dieser Mann ist gefährlich, spürt Gottfried. Er ist gefährlich für ihn. Er ist nicht nur größer, er ist nicht nur stärker, er ist auch primitiver und brutaler. Es ist Höfers dunkles Atmen, es ist die ganze Wucht des Gestern, die ihm jetzt in die Glieder hämmert und ihn festhalten will, ihn zum Stillhalten zwingen will. Höfer ist noch zwei Meter entfernt, er blickt Gottfried stumpf an, seine lichten Haare sind von Gel feucht nach hinten gekämmt, er hat sich einen Schnauzer wachsen lassen, dessen tropfenbeperlten Spitzen ekelerregend im Rhythmus seines tiefen Atmens beben.

Er erkennt mich nicht, denkt Gottfried noch, da greift der Mann unvermittelt an. Er stürmt plötzlich vorwärts, Sprungkraft explodiert aus seinen muskulösen Beinen, und mit plötzlicher Lichtheit wird Gottfried noch böser, weil er mit den Gedanken wieder einmal woanders war und dem Mann die Chance zum Angriff geboten hat, eine Chance, die er niemals bekommen hätte dürfen, dieses Schwein, dieses Vergewaltiger-Schwein, dieser Schatten der Vergangenheit, er bekommt ihn nicht, nein, schwört sich Gottfried und springt zur Seite, eine Welle trüben Hasses rollt über seine Augen, er dreht sich und will mit seinem rechten Arm schlagen, verfehlt den Gegner aber. Er sieht dessen Arm zucken und im hellen Mittagslicht blitzt etwas, das nur Millisekunden mit einem plötzlichen Wärmegefühl an seinem Arm korrespondiert, kein unangenehmes Gefühl, eher ein rätselhaftes, weil in den ersten Momenten nicht ganz klar wird, ob Gottfried Wärme und Kälte empfindet. Erst als er das Blut auf seinem T-Shirt sieht, fühlt er Schmerz, und alles schreit auf in ihm: ein Stich!

Es gibt Situationen, die zerstückeln die Realität in splitternde Bruchstücke, sie fallen auf das Erkennen wie Blätterkuchenteig auf den Küchentisch, und man kann sie einzeln sehen. Die Zeit dehnt sich in solchen Momenten. Gottfrieds Denken wird nun vollständig trübe, jetzt sind es nur noch Triebe, die an seinen Muskeln zerren, Wut, Haß, Schmerz, warm und brodelnd, dazu eine seit langem in Stahl gekochte Entschlossenheit, und sein Gegner hat das Pech, genau in diesem Lebensmoment auf Gottfried zu treffen. Höfer steht abwartend da, hofft wohl, daß es mit diesem Stich getan sei, aber das ist ein Fehler, er bemerkt Gottfrieds Angriff zu spät, kann dem Schlag mitten ins Gesicht nicht mehr ausweichen, ein wuchtige Gerade mit Anlauf, seine Nase detoniert förmlich in Blut. Schon trifft der nächste Schlag, er läßt die Lippen platzen, und während der Mann zwei Zähne ausspuckt und versucht, »Aufhören!« zu gurgeln, da trifft ihn eine brutale Schlagfolge in den Bauch. Er stürzt zu Boden, hält beide Arme schützend vors Gesicht. Gottfried schlägt zu und hört erst auf, als mehrere Männer von der Kirche herbeieilen und ihn von dem Mann wegzerren. Dabei bekommt er von diesen späten Helfern einige Hiebe ab, aber der klaffende Schnitt an seinem Arm macht allen deutlich, daß er nicht *nur* Täter gewesen sein kann. Verängstigt, zögernd kommt jetzt auch Höfers Opfer näher, sie starrt auf die ganze Szene und zeigt mit dem Zeigefinger wortlos auf den am Boden liegenden Mann. Irgend jemand muß die Polizei verständigt haben, denn plötzlich tönt ein Martinshorn, und zwei Wagen brausen heran. Gottfried steht noch im Nebel seines Gewaltrausches, und erst, als er langsam seine Umwelt wieder wahrnimmt, da muß er lachen über die ganze Szene, und er lacht auch noch im Polizeirevier, wo ihn ein dicker Wachhabender vor versammelter Mannschaft wegen des »Nothilfe-Exzesses« rügt und ermahnt, künftig in solchen Fällen ihn und seine Kollegen zu holen. Nachdem er ein Protokoll unterschrieben hat, begleitet ihn aber der Revierchef persönlich vor die Tür und klopft ihm zum Abschied vertraulich und anerkennend auf die Schulter.

Es ist mittlerweile Abend geworden. Die Wirtshäuser sind gut gefüllt, vor den dunkelgetäfelten Wänden sitzen redselige Menschen, sie reden und zerteilen die Welt und setzen sie zwischen zwei Bieren neu zusammen. Sie tun nur so, als wüßten sie es besser, denkt Gottfried, als er jetzt wirklich nach Hause geht. Die anderen kapieren genausowenig wie er selbst. Das tröstet ihn zwar nicht. Aber es macht, so denkt er, eigentlich *jeden* Versuch wert. Gottfried ist wieder daheim.

6

Auf dem Fahrrad fährt Gottfried durch blühende Sommerwiesen. Mit den Blütenpollen und ihrem Duft kitzelt ihn Erinnerung an Kindheitstage in der Nase, und seit langer Zeit spürt er einmal wieder eine Erinnerung, die angenehm ist.

»Na, was macht der Held? Genesen genug, um mich auf meinem Hof zu besuchen?« hatte ihn Jutta vor zwei Tagen am Telefon gefragt.

Gottfried wußte, daß sie aufs Land gezogen war, aber als sie den Namen des Ortes nannte, war er dann doch erschrocken. Es war das Nachbardorf seines Geburtsortes.

»Ich habe ein riesiges Atelier in einer alten Scheune«, sagte Jutta. »Ich besuche dich«, sagte Gottfried, »morgen.«

Und jetzt radelt er schon zwei Stunden. Natürlich ist es weit, aber diesen Weg will er spüren. In einem Wirtshaus mit Garten, das er noch von früher kennt, macht er Pause, noch einmal zwei Stunden. Und dann verfährt er sich doch tatsächlich zwischen den Feldern und sucht später an der Landstraße eine Telefonzelle. Als er schließlich bei Jutta anruft, da lacht sie nur und verspricht, ihn abzuholen, allerdings auch mit dem Rad, und das könne noch etwas dauern. Als Gottfried aus der Telefonzelle tritt, beginnt es langsam zu dämmern, und zwischen den vereinzelten Höfen blutet die sinkende Sonne wie aus einer Stichverletzung in den Horizont.

Als Jutta ankommt, lachen beide unsicher und entschuldigend, und sie fangen gleichzeitig an zu reden.

»Wir müssen noch mindestens eine Stunde radeln«, sagt Jutta und ist ganz außer Atem. Der Schweiß hat ihr altes Jeanshemd vorn und hinten dunkel gefärbt, auf ihrer Nase tummeln sich kleine, gluckernde Perlen. »Ich habe mich auch noch verspätet«, sagt sie und deutet auf ihren hinten auf den Gepäckträger geschnallten Einkaufskorb. Dort liegen ein Brot, eine Flasche Milch, Eier und noch einiges mehr. »Total viele Leute im Supermarkt«, sagt sie.

»Supermarkt ...?« fragt Gottfried tadelnd, »ich denke, du lebst hier auf dem Land, ganz bewußt, ganz umweltdynamisch und so weiter?«

Jutta lacht laut und antwortet: »Und ich dachte, du kennst diese Gegend wie deine Hosentasche, brauchst keinen Plan, oder wie war das am Telefon?«

Gottfried lacht auch, kommt außer Atem, denn sie radeln gerade einen kleinen Hügel hinauf. Oben endet der Teer, und sie fahren auf trockener Erde, in den Furchen des festgebrannten Bodens. Immer dunkler wird es, und sie müssen die Dynamos einschalten, damit sie im funzeligen Licht ihrer Frontlampen wenigstens ungefähr den Weg sehen können. Dunkelstahlblau liegt der Himmel bald über dem Wald und den sich daran anschließenden Feldern. Falter, Käfer, Fliegen, krabbelndes, schrabbelndes, zischendes und flatterndes Getier erhebt sich protestierend in den dünnen Lichtkegeln ihrer Lampen.

»Es riecht wie früher«, sagt Gottfried und ist – was ihn selbst erstaunt – glücklich dabei.

»Hast du Lust, schwimmen zu gehen?« fragt Jutta.

»Au ja«, ruft Gottfried mit kindlicher Begeisterung, aber seine Stimme fängt an zu perlen, als er fragt: »Nackt?«

»Was denkst du?« antwortet sie. »Du kannst deine Stiefel natürlich auch anbehalten«, und Jutta deutet dabei auf seine hochgeschnürten Springerstiefel, die er jeden Tag anhat, ihm fällt erst in diesem Moment auf, wie blödsinnig das an einem Frühsommertag ist, aber dieser Gedanke wird verdrängt von einem inneren Zirpen, wie man es spürt unter Hochspannungsmasten, es ist ein unhörbarer Lärm im Ohr, eine Art von innerem Massenjubel, in dem er schwebt. Solche Momente hat er lange nicht gehabt. Es sind die Momente tieffliegender Schwalben, die wie Kampfjets in jauchzenden Schwenks über die Erde rasen, das Fluggestell kippen, seitlich abdriften, sich im Strom der Bewegung fangen und mit einem Schlag der kleinen Flügel wieder nach oben ziehen. Es ist einer jener Momente, wo sich adernflutende Erwartung und Entspannung vermischen zu einem einzigen sexuellen Impuls, der auf ein noch unbekanntes Ziel zurast. Die Luft fühlt sich an wie ein im Fluß weichgewaschener Kieselstein, der Kosmos zittert, und es ist so, als habe Gottfried gerade das Farbfernsehen erfunden, die Welt leuchtet, explodiert in strahlenden Lichtern, in Rot, Gelb, Blau und Grün.

Gottfried strahlt über das ganze Gesicht, als sie am See stehen und sich ausziehen, und er sieht das weiße Nacktsein von Jutta, als sie zum Schluß ihr Hemdchen über den Kopf zieht, und es ist ganz selbstverständlich, daß sie jetzt aufeinander zugehen und einander umarmen, nackt wie sie sind. Feiner, duftender Schweiß umfängt sie beide, ein Atmen ihrer bebenden Körper. Dann zieht sie ihn weg, und er muß Hand in Hand mit ihr rennen, spritzend und kreischend planschen sie in den See, immer weiter, bis sie keinen Boden mehr fühlen und Gottfried gurgelnd und vor Lachen glucksend untergeht.

Es ist sozusagen würziger Sex. In der halbmeterhohen Wiese haben sie sich ihr Bett gewalzt in ihrem Ringen und Spielen, und in der lauen Nacht stehen jetzt schon die Schweißtropfen auf ihren Körpern. Juttas Haare kleben an der rotschwellenden Stirn, den pumpenden Wangen, auf ihren Brüsten. Gottfried fühlt es den Rücken hinabrinnen. Sie gleiten auf- und übereinander wie Echsen, und ihr Stöhnen scheint die Tierwelt nervös zu machen, überall brummt und zischt es, vor Schreck aufspringende Insekten, rasch dahinkrabbelndes Kleingetier, aber das kann sie nicht stören jetzt, wo sie bis zur Atemnot im Grün und ihrer dampfenden Freude aneinander versinken. Auf Händen und Füßen krabbeln sie anschließend zum Wasser zurück, um sich abzukühlen, rutschen ans Ufer, und Jutta wälzt sich über ihn, und nur weil Gottfried keinen festen Grund unter sich findet und lachend immer tiefer versinkt, geht es nicht dort schon weiter, sondern erst, als sie eigentlich schon die Räder besteigen wollen und beide bereits halb wieder angezogen sind, aber das Gras, die Wiese, ihre Blütenpollen, alles juckt, und sie müssen einander kratzen, und das bringt die Gedanken an das eben Erlebte zurück. Kichernd wie Teenager nach dem ersten Bier plumpsen sie also noch einmal in die Wiese, und auch jetzt nutzt der Protest des Tierreichs nichts.

»Da wohne ich«, sagt Jutta und deutet auf den kleinen, recht verfallenen Hof vor ihnen. »Da ist auch mein Atelier. Das war der Hauptgrund, warum ich hierhergezogen bin.«

»Und wo arbeitest du?«, fragt Gottfried. »Ich meine, wo verdienst du da Geld?«

»Och, das geht gut. Ich arbeite drei Monate in der Fabrik, da muß ich jeden Tag hin und her fahren, und danach arbeite ich drei Monate hier, es ist hier viel billiger, und man gibt abends viel weniger aus.«

»Ist ja auch nichts los hier«, mault Gottfried.

»Das kann sich schnell ändern«, erwidert sie grinsend, und die Anzüglichkeit dieser Worte wärmt herausfordernd ihre Stimme.

Gottfried kann nicht einschlafen, später in ihrem Bett. Es ist ein riesiges altes Bett, ein Jahrhunderte überdauerndes Bauernmöbel, ein Ehebett, in das Jutta eine einzige riesige Matratze hat einpassen lassen, auf der sie jetzt ihre übliche, gekrümmte Schlafposition eingenommen hat und bereits tief atmet. Gottfried lauscht den für ihn neuen Geräuschen des Zimmers. Ein schürfendes, suchendes Knarzen verrät die unermüdliche Arbeit der Borkenkäfer, wenn er die Hand an das Holz führt, kann er das Ergebnis fühlen: das stellenweise bloßgelegte Labyrinth ihrer Gänge und Pfade, eine heimliche, nächtelange Arbeit, ein Kunstwerk von Kringeln und Schnörkeln. Vielleicht, so überlegt Gottfried, enthalten diese Muster eine noch nicht entdeckte Botschaft, eine mysteriöse, bislang unentschlüsselte Nachricht der Natur, Geschichten, Rätsel, Warnungen, einen Text für eine kurze Ewigkeit. Das sollte man den Außerirdischen einmal schicken, mit reinpacken in die nächste Voyager-Sonde, zwischen die Beatles- und Beethoven-CDs, zwischen die Bilder und Mikrofilme, und hinausschießen ins All. Vielleicht kann eine andere Zivilisation diese Botschaft lesen, die Bewohner der fremden Galaxie, die von uns nach den Lichtjahren der Reise allerdings nur noch ein fernes Echo vernehmen werden, denn dann ist er, dann sind alle jetzt Lebenden längst tot, ein Echo, wie das von Molcho, das leise und sanft in ihm schwingt und vor dem er seit heute keine Angst mehr haben muß. Nie mehr vielleicht. Er dreht sich vorsichtig um, besorgt, sie zu wecken, aber Jutta schläft noch. Sie ist eingewickelt in ein verschwitztes Laken, ganz eng klebt der Stoff an ihrem Körper, und Gottfried kann die Konturen ihres Rückens sehen. Ich werde dich kennenlernen, denkt er. Jetzt kann ich es wohl. Draußen dämmert es bereits, Wind kommt auf und flutet Morgenluft durch die wehenden, zugezogenen Vorhänge, wie der Atem eines Kindes. Der helle Stoff bläht und wölbt sich in Ballen, Haufen und Wellen. Gottfried zieht die Beine an, ganz langsam, millimeterweise. Dann rollt er sich zur Seite, erschrickt, als der Boden knarrt, seine bloßen Füße tappen auf dem immer noch warmen Holz, aber es sind nur zwei Schritte bis zum Fenster, wo ein Stuhl steht, auf den er sich setzt, den Vorhang hinter sich wieder schließt und hinausblickt.

Am Horizont steht das Lila des Morgenhimmels, Wolken zerfasern darüber wie die Federn eines gerupften Huhnes. Die Tannen vor dem Haus verneigen sich im Rauschen ihrer Äste. Irgendwo, tief in ihnen, sitzen die Vögel und grinsen und schreien. Es macht ihm heute keine angst, nicht mehr so wie früher als Kind, nicht mehr so wie in jenem Haus, das da jenseits des Hügels liegt, er fürchtet sich nicht mehr, das allein ist ein Fortschritt. Es macht höchstens das Herz springen, denkt er, einmal, herausgerissen aus dem üblichen Takt, ein Herzschlag dazugefügt, zusätzliche Lebenswucht, ein Bonus-Schlag in seinem Leben: In seiner eigenen Spielothek schenkt ihm der blinkende Automat für seine letzten dreißig Pfennig ein Sonderspiel, aus dem er alles rausholen kann, wenn er will, wenn er den Rhythmus der neuen Lebensmelodie richtig in sich aufnimmt und von jetzt an alles richtig macht, die blinkende Taste rechtzeitig drückt und drückt und noch einmal drückt, auf fünfundzwanzig Sonderspiele, auf fünfzig, auf hundert. So sitzt er eine halbe Stunde und läßt innerlich die Walzen rasen.

Dann irritiert ihn die Ruhe. Sie ist präsent wie eine Hand auf der Haut nach einem Schlag auf die Wange. Hellblau-orange blitzen die ersten Strahlen der Sonne hervor und treffen seine Stirn. Gottfried schließt kurz die Augen, saugt den Kindheitsduft in sich hinein, in dessen blütenschwangere Sommerpollenattacke sich Geruchsfähnchen von Rinderdung und fruchtbarem Wald mischen, ein Duft von Frische und Härte über dem satten Grün der Landschaft, in gewisser Weise unerbittlich und reinigend wie ein guter Punksong.

Es stinkt, denkt Gottfried und lächelt, als ihm seine Großmutter ins Gedächtnis kommt, die immer sagte, das Land stinke nicht, das komme ihm nur so vor, es stinke nicht, sondern es lebe. Es ist beides, überlegt Gottfried. Eine Ahnung von Ruhe und Gewalt. Zwei Welten, tausend Welten. Es ist alles eins. Raum, Parallelraum, Nebenraum, gequetschte Zeit, verkrümmte Zeit, seine Zeit, Juttas Zeit, Molchos Zeit, die Zeit früher, es sind Räume, durch die er gehen kann, die in Lichtgeschwindigkeit neben ihm herrasen, mit offenen Türen, manche wird er jetzt schließen.

Gottfried atmet tief durch. Es ist alles wieder da. Er ist wieder da. Sitzt im Kreidekreis, den ein schief blickender Narr auf den Boden zeichnet. Seine Hand führt zitternd die Kreide, und Gottfried hört fast das schieferknirschende Geräusch, kalt und berechnend. Und der Kreis des Narren schließt sich, und als Gottfried jetzt die Augen wieder aufschlägt, da weiß er es endgültig: Er ist daheim. Gottfried legt den Kopf schräg. Er blinzelt.